# LE SYSTÈME PÉNITENTIAIRE SÉNÉGALAIS

Mohamed Lamine DIOP

# LE SYSTÈME PÉNITENTIAIRE SÉNÉGALAIS

L'Harmattan

**5-7, rue de l'École-Polytechnique ; 75005 Paris**

http://www.librairieharmattan.com
diffusion.harmattan@wanadoo.fr
harmattan1@wanadoo.fr

ISBN : 978-2-343-08487-9
EAN : 9782343084879

# DÉDICACE

Je dédie cet ouvrage :

– À mes chers parents qui ont su merveilleusement me tenir l'étrier et qui ont toujours constitué à mes yeux des parangons de foi, de vertu, de labeur et de persévérance. Grande est ma dette envers eux, aucun mot ne saurait suffisamment exprimer ma gratitude, mon amour et mon profond respect.

– À ma chère épouse pour sa loyauté, son attachement sans bornes, mais surtout pour son amour dévoué et sa tendresse.

– À mes adorables enfants qui remplissent ma vie de joie et de bonheur.

– À mes frères et sœurs pour leur présence et leur amour qui donnent tout son sens au mot « **famille** », notre famille où la foi en Dieu, la bonne éducation et la mystique du travail constituent les valeurs premières.

– À tous mes proches.

– À tous mes amis pour cette amitié empreinte d'estime, de considération, de franchise, de confiance et de disponibilité.

– À l'ensemble du personnel de l'Administration pénitentiaire tous corps et grades confondus avec à sa tête le directeur de l'Administration pénitentiaire, le Lieutenant-Colonel Daouda Diop, avec une pensée particulière pour tous les collègues qui nous ont quittés, spécialement feu l'inspecteur Lamine THIOR dont les travaux de recherche sur l'histoire de l'Administration pénitentiaire nous ont grandement servi dans ce travail, mais aussi et surtout celui que je considérais comme mon jumeau dans cette corporation, feu le commandant Ibrahima DIACK, l'un des tout meilleurs cadres que l'Administration pénitentiaire a eus et enfin l'Inspecteur Ousmane FAYE, brutalement ravi à notre affection lors de la cérémonie d'installation du nouveau Directeur de l'Administration pénitentiaire.

Trouvez-en ce modeste travail, le symbole d'un effort qui souhaite satisfaire vos espoirs !

# Acronymes

**MAC** : Maison d'arrêt et de correction

**MAF** : Maison d'arrêt pour femmes

**RMT** : Règles minima pour le traitement des détenus

**ENAP** : École nationale d'Administration pénitentiaire

**IRAP** : Inspection régionale de l'Administration pénitentiaire

**CAP** : Comité de l'aménagement des peines

**CP** : Code pénal

**CPP** : Code de procédure pénale

**CPCAP** : Commission pénitentiaire consultative de l'aménagement des peines

**CSMO** : Comité de suivi en milieu ouvert

**JAP** : Juge de l'application des peines

**TBS** : Travail au bénéfice de la société

# PRÉFACE

*L'exécution des décisions judiciaires, prononçant une peine privative de liberté, relève de l'Administration pénitentiaire. À sa mission traditionnelle de sécurité, s'ajoute une autre, non moins importante, de préparation à la réinsertion sociale. Son importance dans le processus de répression des infractions légitime toutes les politiques initiées par les pouvoirs publics pour, non seulement, améliorer les conditions de vie et de travail du personnel, mais aussi et surtout assurer aux détenus un bon cadre pour l'exécution de leur peine.*

*Après la création du corps des inspecteurs de l'Administration pénitentiaire qui parachève le processus de maturation de cette administration, d'autres mesures sont récemment prises. Il en est ainsi de la création de l'École nationale d'Administration pénitentiaire (ENAP) qui a vu même son directeur être nommé par décret, de la création d'un établissement pénitentiaire moderne, dont la première posée a été posée.*

*Pour les détenus, le relèvement progressif, d'année en année, de l'indemnité journalière d'entretien, l'existence dans tous les établissements pénitentiaires des services socio-éducatifs et le développement des mesures d'aménagement des peines font du milieu carcéral un espace de vie ou l'espoir de sortir réinséré est permis. Il faut aussi mettre dans ce volet l'obligation pour l'Administration pénitentiaire et son personnel de respecter les droits de la personne détenue.*

*Pourtant, cet état de fait n'est pas très bien perçu par les citoyens. Comme s'il ne pouvait en être autrement, toute l'attention se focalise sur les dysfonctionnements du système carcéral : surpopulation, manque de moyens, vétusté des bâtiments, non-conformité aux normes en vigueur, insuffisance du personnel. Les pratiques pénitentiaires ne sont révélées au public qu'à l'occasion de quelques scandales, du non-respect des normes ou de dénonciations de conditions de travail par les usagers, occasion pendant lesquelles le sensationnel prime sur l'information.*

*Mais est-ce que l'opinion est informée du fonctionnement du système pénitentiaire ? Est-ce que les lois et règlements qui organisent la pratique pénitentiaire sont connus de tous ? Ce sont là de grands questionnements qui méritent d'être posés.*

*Certains chercheurs et praticiens du droit tentent d'y apporter une réponse à travers des réflexions orientées sur un point particulier du système carcéral.*

*Le lecteur va découvrir, cette fois-ci, la part de vérité d'un professionnel pénitentiaire, soucieux de fournir aux citoyens des informations fiables sur le métier de pénitentiaire. Il s'agit de Mohamed Lamine DIOP.*

*Cadre supérieur de l'État, cet inspecteur de l'Administration pénitentiaire, titulaire d'un master 2 en droit de l'exécution des peines et droits de l'homme, qui totalise par ailleurs une quinzaine d'années d'expérience dans le domaine de la gestion des différents établissements pénitentiaires du pays a toute la légitimité requise, pour s'adonner à un exercice de réflexion sur le système pénitentiaire sénégalais. Dans une analyse rigoureuse, l'auteur nous fait le tour d'horizon de l'Administration pénitentiaire sénégalaise depuis sa création et, bien avant même, avec un rappel historique qui remonte à la période des comptoirs commerciaux.*

*Avec une méthodologie pertinente, l'auteur nous fait une présentation générale de l'Administration pénitentiaire. Il y décrit ses missions et son organisation en prenant en compte le niveau central et les services déconcentrés. Les conditions de recrutement des personnels, leurs attributions et les différents régimes pénitentiaires applicables dans les prisons du Sénégal et d'ailleurs sont aussi évoqués dans une dynamique comparative et instructive.*

*Le milieu fermé n'étant pas enfermé, une véritable vie se mène en prison avec la présence en miniature, de tous les segments et réalités de la société libre. Mais, il s'agit d'un milieu où la tension et la violence plus ou moins bien refoulées rendent les relations exceptionnellement difficiles. La hiérarchisation de l'organisation administrative interne et le rôle de chaque membre renseignent sur le caractère protecteur de la loi vis-vis du détenu qui a toujours la possibilité de recours en cas de problème. L'admission en prison, la prise en charge et la gestion des détenus sont aussi mises en exergue par l'auteur. Comme toute communauté humaine, l'élaboration et le respect de règles de conduite sont utiles pour faire régner l'ordre public même si c'est en milieu carcéral. C'est ainsi que les rapports entre détenus entre détenus et agents y sont traités en rappelant que l'obligation sécuritaire qui pèse sur l'Administration pénitentiaire lui impose d'empêcher l'évasion des détenus.*

*Faut-il le rappeler, l'Administration pénitentiaire a une autre mission de préparation à la réinsertion sociale. L'Inspecteur y est revenu amplement en traitant des activités socio-éducatives, du travail pénitentiaire et des aménagements de peines qu'il classe dans cette rubrique. Il rappelle l'importance de la préparation de la réinsertion en ce qu'elle permet aux détenus d'avoir une autre alternative à la sortie. Les personnes peuvent adopter une attitude différente au cours du temps, et les conceptions et perceptions de choses peuvent évoluer surtout avec l'effet d'une bonne information. Chercheurs, étudiants, professionnels et citoyens tout court trouveront dans cet ouvrage des éléments de réponses et d'édification pour mieux appréhender le système pénitentiaire sénégalais et comprendre davantage les péripéties de la vie carcérale.*

***Cheikh Tidiane DIALLO***

*Ancien Directeur de l'Administration pénitentiaire*

### « *Le tournant de ma vie*

*L'an 2008, un soir du dix octobre,*
*Tout est devenu sombre*
*En franchissant le portail de la prison*
*Laissant derrière moi ma maison.*
*Au fond de ma cellule,*
*Dans un profond recul,*
*Loin de tout regard ;*
*Je m'égare dans un air hagard,*
*Entre la solitude*
*Et la lassitude ;*
*Entre l'espoir*
*Et le désespoir.*
*Mon esprit voyage*
*Et tout se mélange ;*
*Dans ma tête, des idées se bousculent*
*Et mon cœur bascule*
*Entre accepter la fatalité*
*Et ce qui m'arrive en réalité.*
*Des problèmes se posent*
*Et des solutions s'imposent.*
*Face à la force de la loi,*
*J'oppose la force de la foi,*
*Face à la répugnation,*
*J'oppose la résignation ;*
*Et la raison finit par vaincre*
*Et de me convaincre*
*Que c'est dans l'avenir*

*Que le meilleur est à venir.*
*L'enseignement que j'en tire*
*Et que je vais toujours retenir,*
*C'est dans des difficultés*
*Qu'on connaît la sincérité.*
*Pardon à toi ma famille*
*Et merci du soutien sans faille.*
*Pardon à toi la société*
*J'ai compris le sens de la solidarité.*
*Pardon à toi la nation*
*J'ai mesure le sens de la sanction*
*Et à toi la justice qui tranche,*
*J'attends la sentence avec impatience. »*

***M. S. (ancien détenu)***

*« Un geste d'humanité et de charité a parfois plus d'empire sur l'esprit de l'homme qu'une action marquée du sceau de la violence et de la cruauté. »*

**Nicolas Machiavel,**
**Homme politique et philosophe italien**

*« Tous les hommes, même ceux qui sont apparemment les plus inaccessibles à la pitié, ont toujours un fond de bonté. Si on arrive à toucher leur cœur, il est possible de les faire changer. »*

**Nelson Mandela**

*« Même aux pires moments de la prison, quand mes camarades et moi étions à bout, j'ai toujours aperçu une lueur d'humanité chez un des gardiens, pendant une seconde peut-être, mais cela suffisait à me rassurer et à me permettre de continuer. La bonté de l'homme est une flamme qu'on peut cacher, mais qu'on ne peut jamais éteindre. Un homme qui prive un autre homme de sa liberté est prisonnier de la haine, il est enfermé derrière les barreaux des préjugés et de l'étroitesse d'esprit. »*

**Nelson Mandela**

# INTRODUCTION

## 1– HISTORIQUE

Pour mieux appréhender la portée d'un système pénitentiaire, une approche historique s'avère nécessaire même si **Jean Imbert** et **Georges Levasseur**[1] estiment qu'« *il est difficile de dire si le rappel des modalités passées de la répression amplifie à nos yeux une rigueur qui ne parait pas avoir tellement choqué les contemporains, ou si, au contraire, l'étude historique détaillée n'accroit pas l'horreur et l'indignation que l'on ressent à constater les formes de la réaction sociale de l'époque contre les atteintes aux valeurs admises, voire imposées, par cette dernière.* »

Quoi qu'il en soit, il est nécessaire de situer dans le temps la prison pour mieux en apprécier l'évolution.

La privation de liberté en tant que peine date du 18^e^ siècle avec la Révolution française. Bien sûr, les prisons existaient bien avant, mais elles n'avaient qu'une fonction temporaire de détention en attendant la peine elle-même, que ce soit la peine de mort, le châtiment corporel ou l'exil. L'arrivée des prisons serait donc une alternative humaniste aux châtiments extrêmes de l'époque et s'accompagne d'une intention ambitieuse de modifier de façon positive les pensées et les comportements des personnes détenues. Pour reprendre les mots de **Foucault**[2], on est passé d'une

1 Jean Imbert et Georges Levasseur (1972) : *Le pouvoir, les juges et les bourreaux*. Paris : éditions Hachette, 358 pages.

2 Michel Foucault (1975) : *Surveiller et punir*. Paris : éditions Gallimard, 318 pages.

pénalité de supplice qui avait pour objet le corps du condamné à une pénalité qui était investie d'une double fonction à savoir corriger le délinquant et dissuader le corps social de suivre son exemple, d'où son point d'application : ne plus frapper le corps, mais l'âme.

Pour parler des prisons au Sénégal, il s'avère opportun de trouver des repères pour mieux camper le sujet. En effet, le Sénégal, notamment Saint-Louis et Gorée, a connu plusieurs occupations à la faveur de la traite des esclaves. Les lieux d'enfermement comme la Maison des esclaves avaient d'autres fonctions que celle de l'incarcération consécutive à l'accomplissement d'un acte délictueux. Les esclaves en attente d'embarquement pour des destinations inconnues étaient la plupart du temps agglutinés dans des abris de fortune, le fer au cou et aux pieds.

Avec la Révolution de 1789, une nouvelle polémique s'est instaurée en Europe au sujet de la traite des Nègres. En 1845, au congrès de Vienne il y eut une condamnation formelle du fléau qui amena Napoléon à signer un décret abolissant l'esclavage.

Pour cette période, on ne pouvait parler de colonisation du fait qu'il n'y a pas eu d'exercice de la souveraineté française sur le sol du Sénégal, puisque c'était l'époque des comptoirs commerciaux dont les seuls « actes administratifs » furent les traités passés avec les chefs locaux.

Les règles juridiques étaient issues des us et coutumes, des mœurs et de la religion dans la communauté. L'incarcération comme mesure pénale n'existait pas dans la société traditionnelle africaine. L'ordre régnait, car chaque membre de la société était en quelque sorte le censeur de son voisin. Tout le monde, hommes, femmes et enfants, se sentait responsable de l'équilibre social et veillait à ce qu'il ne soit pas troublé.

Le 30 mai 1814 fut signé le traité de Paris par lequel l'Angleterre rendait à la France ses possessions sur la côte occidentale de l'Afrique, notamment Saint-Louis et Gorée.

L'abandon plus ou moins effectif de la traite des esclaves et le besoin urgent et considérable de matières premières sur les marchés d'Europe incitèrent les autorités de la Restauration à l'instauration d'une entreprise coloniale différente de la traite qui était pratiquée naguère.

Il a fallu attendre la reprise de possession pour parler de colonisation au sens d'une installation de la France au Sénégal et de la mise en place de structures administratives durables. Elle se fit en 1815 par le colonel Julien Shmaltz dans des conditions dramatiques d'ailleurs, avec le naufrage de la frégate la « Méduse » au banc d'Arguin.

Les Français retrouvèrent ainsi le Sénégal, à savoir Saint-Louis et Gorée et ses Dépendances : Petite-Côte, Rufisque, Joal et Portudal. Dans le cadre de la nouvelle politique coloniale, il fut mis sur pied dès 1819, un Conseil de gouvernement pour la gestion de la colonie.

La politique coloniale, qui n'était pas appliquée sans entraves, ne tarda pas à mettre sur place un contrôle musclé des hommes et des espaces conquis, avec l'implantation de bâtiments symbolisant le pouvoir colonial comme la caserne et les prisons.

Aussi, le 23 janvier 1827, le commandant et administrateur du Sénégal et Dépendances, le Baron Roger signa un arrêté sur les prisons. Celles qui étaient établies à Saint-Louis étaient divisées comme suit :

**Prison de police et de sûreté**

– Pour l'enfermement des Noirs poursuivis par les chefs de service, par le maire pour fait de police, à la réquisition des maîtres et ceux qui, nouvellement arrêtés, ne seront pas encore mis à la disposition de l'autorité judiciaire ;

– Pour les Européens et les habitants, dans l'un des cas prévus pour les Noirs et aussi ceux qui seront condamnés à l'emprisonnement.

### *Prison de Justice*

Pour les Noirs, ceux qui seront à la disposition de la justice et non encore jugés et ceux qui seront condamnés à l'emprisonnement.

Lorsque la peine excède 2 mois, ils seront convoyés à Richard-Toll où cette prison servira de succursale.

### *Prison civile*

Pour les Européens et les habitants détenus pour dettes.

### *Prison des femmes*

S'il y a lieu de séparer les femmes des hommes pour des causes différentes, il y sera pourvu d'après les ordres du commandant et administrateur, sur rapport du commandant de police.

### *Bagne*

Pour des condamnés à des peines afflictives et infamantes.

Le commandant de la place fut chargé de la police, de la surveillance, de la discipline et de tout ce qui concernait la propreté et la sécurité intérieure des prisons. Le chef de poste placé dans l'enceinte de la prison était chargé de la garde des prisonniers. Il remettait au commandant de la police chaque matin à 8 heures les billets d'entrée et de sortie qu'il avait reçus pendant les 24 heures.

Le **15 juillet 1841**, un arrêté portant régime des prisons fut signé par le gouverneur du Sénégal et Dépendances, Montagnier de Roque. Cet arrêté abrogea et remplaça celui du 23 janvier 1827. Désormais les prisons de la colonie comprenaient des **prisons militaires, des prisons civiles, des maisons d'arrêt, des maisons de justice et des maisons de peine**.

**La maison militaire** était uniquement réservée à la détention des individus attachés à l'armée de terre et mer.

**La prison civile** était le lieu de détention des personnes écrouées pour dettes.

**La maison d'arrêt** recevait des prévenus soumis à des poursuites criminelles ou correctionnelles tant qu'ils n'étaient pas frappés de la mise en accusation.

**La maison de justice** était le lieu de détention des prévenus mis en accusation.

**La maison de peine** était le lieu réservé aux condamnés à des peines afflictives et infamantes. Il n'y avait pour tout le Sénégal et ses Dépendances qu'une seule maison de peine qui était établie à Saint-Louis. Il y avait cependant des prisons dépendantes de la maison de peine pour les condamnés à des peines correctionnelles sans que dans aucun cas ils ne puissent être confondus avec ceux qui ont été frappés de condamnation à des peines afflictives et infamantes. À défaut d'un autre local, la prison correctionnelle pouvait être affectée à la détention des condamnés à des peines de simple police et à l'emprisonnement des captifs détenus soit par voie de police domestique, sur réquisition du maire, soit d'office par l'autorité judiciaire ou administrative.

Les hommes et les femmes étaient entièrement séparés. Il en était de même des détenus de condition libre et des captifs. Les détenus en dessous de 16 ans, quelle que fût la gravité de la peine qui les avait frappés étaient toujours séparés des condamnés à des peines afflictives et infamantes.

En cas de nécessité, les diverses prisons à l'exception de la prison civile se servaient de supplément l'une à l'autre sans qu'il ne pût en résulter aucun changement dans le régime distinct des différents détenus.

Un concierge à Saint-Louis et un geôlier à Gorée furent nommés par le gouverneur du Sénégal et Dépendances sur la présentation du chef du service administratif. Ils étaient chargés de la garde et de la surveillance de toutes les prisons.

Les systèmes carcéraux importés de l'Occident sont appliqués désormais dans l'Empire colonial avec la construction de prisons de sécurité en lieu et place des bâtiments de fortune qui ne répondaient qu'à des besoins urgents et ponctuels. C'est ainsi que la première prison digne de ce nom fut construite à Saint-Louis en 1863 (l'actuelle maison d'arrêt et de correction qui fait 74,54 m de long et 48,81 m de large et compte 15 cellules). La prison de Gorée occupait un immeuble appartenant au sieur BOUET et que l'administration louait. Le bâtiment hébergeait aussi les douaniers des lieux. Cette situation insolite montre la difficulté dans laquelle l'administration se trouvait pour avoir des locaux fonctionnels pour ses différents services.

Le 6 mars 1877, le décret rendant applicables au Sénégal les dispositions du Code pénal français fut signé. Suivant l'arrêté du 21 juillet 1888, il fut institué la commission de surveillance des prisons de Saint-Louis.

Le 10 décembre 1888, dans la notice relative au régime pénitentiaire, on distingue :

□ les prisons de Saint-Louis et de Dakar où étaient détenus les individus condamnés à l'emprisonnement ;

□ la prison de Gorée qui ne recevait que des accusés de passage en expectative de jugement ou des condamnés à des peines de simple police ;

- les condamnés à des travaux forcés ou à la réclusion étaient envoyés en France pour être dirigés vers les prisons de Guyane et de Nouvelle-Calédonie.

L'année 1895 fut l'avènement de la fédération dite de l'Afrique occidentale française (**AOF**) qui regroupait outre le Sénégal tous les territoires français de la côte occidentale d'Afrique : Soudan, Côte d'Ivoire, Niger, Haute-Volta, Mauritanie, Dahomey et Togo à partir de 1919.

En cette fin du XIXe siècle, le déclin du commerce de la gomme, l'abolition de l'esclavage et l'accélération de la conquête coloniale furent à l'origine d'une crise qui prit de l'ampleur dans les villes du Sénégal. Cette nouvelle donne précipita la politique d'implantation des prisons à travers le pays. Une réelle construction de bâtiments appropriés pour l'incarcération des détenus n'était pas entreprise. Le colonisateur se contentait d'abris provisoires où étaient internés les détenus indigènes dans des conditions insoutenables, ce qui avait favorisé des décès considérables.

Le traitement et la nature des peines n'avaient rien à voir avec la volonté de les préparer à la réinsertion. Les lois et les institutions judiciaires étaient oppressives et visaient surtout à humilier les indigènes et à les obliger à se soumettre servilement au régime colonial.

Les peines d'emprisonnement étaient prononcées sans prendre en considération la gravité du crime ou du délit, car pour les colons, l'incarcération était la meilleure punition qu'un indigène pouvait comprendre. Les locaux de l'école maternelle de la rue Carnot servirent de prison à Dakar vers les débuts de la Première Guerre mondiale (1914-1918). Le 2 mai 1918, le délégué du gouvernement du Sénégal à Dakar adressa une correspondance au lieutenant-gouverneur du Sénégal à Saint-Louis, sur la désaffectation de la maison d'arrêt de Dakar et son transfert sur l'emplacement de l'ancien village de l'abattoir. Mais le lieutenant-gouverneur du Sénégal ne partageait pas cet avis par le simple fait que la prison se serait éloignée du tribunal, l'actuel ministère des Affaires étrangères.

Par correspondance datée du 8 mai 1920, le gouverneur général de l'Afrique occidentale française relança le lieutenant-gouverneur du Sénégal à Saint-Louis sur l'urgence de la construction de la prison de Dakar. Son attention venait d'être appelée sur les conditions défectueuses dans lesquelles se trouvait la prison de Dakar et notamment sur l'insuffisance des locaux, en raison du nombre considérable de détenus déjà incarcérés. Cette situation ne permettait aucune admission nouvelle devant la délinquance galopante.

Le gouverneur général fut amené à prier le lieutenant-gouverneur de la Guinée française de lui faire connaître le nombre de condamnés pouvant être dirigés de Dakar sur les pénitenciers des îles de Loos. La possibilité de recourir à ce moyen de fortune fut limitée et son adoption n'avait pas su dispenser de reprendre la question de la désaffectation de la prison de Dakar et de sa reconstruction hors de la ville telle qu'elle avait été envisagée.

Le 15 septembre 1923, le délégué du gouverneur du Sénégal fit parvenir un plan de ladite prison. Les travaux débutèrent au mois d'octobre 1926 dans la zone d'isolement de la Médina. La prison civile de Dakar, actuelle maison d'arrêt de Rebeuss, a été inaugurée en 1929 en même temps que le commissariat central. Le 3 août 1929, le gouverneur général par intérim DIRAT signa l'arrêté qui la règlementait.

Elle servit à la fois de **maison d'arrêt** (pour les prévenus de justice européenne et de justice indigène), de maison de justice (pour les accusés), de **maison de correction** (pour les condamnés européens et les indigènes), de **prison disciplinaire** (pour les indigènes faisant l'objet d'une sanction administrative) et de **prison militaire**.

Un quartier administratif complètement séparé des locaux destinés aux détenus y était réservé pour les individus retenus en exécution d'une mesure administrative.

La prison de Dakar était destinée à recevoir :

1. les prévenus, accusés et condamnés à des peines d'emprisonnement de toutes les juridictions civiles et militaires ;

2. les détenus pour dettes en matière criminelle, correctionnelle et de simple police ;

3. les contraignables par corps en matière de justice indigène et d'indigénat ;

4. les marins détenus en vertu du Code pénal et disciplinaire de la marine marchande ;

5. les indigènes punis par voie disciplinaire ;

6. les jeunes détenus qui attendent leur transfèrement dans une colonie pénitentiaire ;

7. les condamnés aux travaux forcés, aux travaux publics, à la détention, à la réclusion et à la relégation qui attendent leur transfèrement dans les établissements spéciaux de la métropole ;

8. les étrangers en instance d'extradition ou d'expulsion ;

9. les accusés ou condamnés européens ou assimilés pour crimes ou délits politiques.

Deux quartiers distincts furent aménagés pour les hommes et pour les femmes.

Pour chacun de ces quartiers, une séparation était établie entre les détenus des catégories suivantes :

1. prévenus et accusés européens ou assimilés des juridictions civile et militaire ;

2. détenus européens ou assimilés pour dettes et contraignables par corps ;

3. détenus indigènes contraignables par corps, indigènes punis disciplinairement ;

4. détenus âgés de moins de 18 ans ;

5. condamnés à la relégation, aux travaux forcés, aux travaux publics et à la réclusion ;

6. les détenus politiques européens ou assimilés.

Les condamnés à de longues peines étaient envoyés dans les camps pénaux implantés hors de Dakar. Ces prisons étaient des baraques que le colonisateur démontait au fur et à mesure que les travaux de construction de routes avançaient, ce qui leur a valu le nom de « chantiers pénaux ».

Au 1er mai 1941, la colonie comptait trois camps pénaux :

□ **le camp pénal A de Thiès** destiné aux condamnés à des peines inférieures à 5ans ;

□ **le camp pénal B de Sindiane**, sur la route de Fatick, qui accueillait les condamnés à des peines de plus de 5 ans. Il était spécialisé dans l'exploitation d'une carrière de latérite. Il comportait deux baraques en tôle, mesurant approximativement 12 m de longueur et 4 m de largeur. Il abritait 54 détenus pour une capacité de 100 places.

La surveillance était assurée par des gardes de cercle de l'ancien cadre (1brigadier-chef et 9 gardes). Le régisseur était un gendarme qui commandait en même temps le poste de gendarmerie de Fatick. Mais le fonctionnement du camp pénal relevait entièrement du chef de subdivision de Fatick et du commandant de cercle de Kaolack ;

□ **le camp pénal C de Kelle** qui était réservé aux condamnés dangereux et irréductibles.

Les effectifs des camps pénaux A et C qui étaient installés sur l'axe Thiès-Saint-Louis pour les besoins de la construction de la route, s'élevaient à 223 détenus dont 97 provenaient de la circonscription.

Dans le souci de renforcer le dispositif carcéral de Dakar, face à un accroissement grave de la criminalité, les autorités coloniales envisagèrent la création du camp pénal de Hann, suite au rapport en date du 11 septembre 1941 du capitaine CASES, commandant le détachement de gendarmerie de l'AOF.

Dès le 2 septembre 1943, le camp pénal de Hann qui était en cours de construction avait commencé à fonctionner. Cette décision hâtive procédait d'une part, du fait que la prison civile accueillait un nombre très important de délinquants dangereux (réclusionnaires, condamnés à des travaux forcés et récidivistes) et d'autre part, la pénurie de matériaux causée par la guerre avait ralenti les travaux, ce qui était une raison de plus pour ne pas attendre l'achèvement de la construction.

Il comportait aussi des quartiers pour détenus politiques, pour femmes et pour délinquants mineurs, ce qui justifiait son importance dans le dispositif d'incarcération à Dakar, car la ville fut le plus important milieu criminogène de la colonie.

Il faut noter que le camp pénal de Hann a fonctionné comme une annexe de la prison civile jusqu'après la Deuxième Guerre mondiale. Ce fut également le cas du fortin de Gorée, vieux fort qui servit jadis de cantonnement aux compagnies disciplinaires.

Une autre annexe aménagée à la Médina accueillit des détenus en détachement et commis aux services employeurs qui sollicitaient de la main-d'œuvre pénale. Toutes ces annexes étaient pourvues en nourriture et en personnel de surveillance par la prison civile.

Le camp pénal de Koutal situé à 10 km de la ville de Kaolack était destiné à fournir une main d'œuvre nécessaire et suffisante aux Salins de Lindiane (Kaolack).

En dehors des camps pénaux, la colonie comptait les prisons ci-après, implantées dans les cercles en plus de celles de Saint-Louis, Dakar, Gorée : Bakel, Matam, Podor, Bas-Sénégal, Louga, Kébémer, Thiès, Khombole, Tivaouane, Mbour, Rufisque, Baol, Kaolack, Fatick, Foundiougne, Tambacounda, Kédougou, Ziguinchor, Sédhiou, Bignona, Kolda.

S'agissant de l'emprisonnement des mineurs, il faut dire que le développement de la délinquance juvénile dans la colonie incita le colon à faire recours à l'expérience des colonies agricoles qui avaient connu un échec cinglant dans la métropole. Au terme de l'arrêté du 13 août 1888, inspiré de la loi française du 5 août 1850, il fut créé des « **colonies pénitentiaires** » destinées à recevoir des jeunes détenus acquittés en vertu de l'article 66 du Code pénal comme ayant agi sans discernement, mais pas remis à leurs parents. À cet effet l'administration coloniale sollicita les services de la congrégation des pères missionnaires du Saint-Esprit de Thiès.

Le budget du Sénégal prenait en charge l'équipement de la mission et la rémunération du personnel qui avait la charge de veiller sur la vingtaine de détenus mineurs ainsi confiée.

Les détenus mineurs étaient astreints aux travaux d'agriculture, et à une discipline sévère. Mais le contrat qui liait l'administration à la mission du Saint-Esprit de Thiès pour la prise en charge des jeunes délinquants fut dénoncé en 1901 par les pouvoirs publics qui reprochaient à celle-ci de privilégier la propagande évangélique, l'emploi des détenus comme main d'œuvre, au détriment de leur éducation.

Malgré cet échec, le colonisateur toujours préoccupé par l'ampleur de la délinquance juvénile tenta de nouvelles expériences en créant par arrêté local du 12 mars 1912 un orphelinat à Richard-Toll. Cette structure connut également un échec par le fait que les pensionnaires refusaient de travailler et se caractérisaient par une indiscipline générale. Ils se firent remarquer par des larcins et des évasions multiples au point d'être la cause de la démoralisation et de la démobilisation du personnel de surveillance.

Un arrêté du 5 février 1916 créa le pénitencier agricole public de Bambey (1916-1927) qui fut confié au service de la station agricole de cette ville. L'entretien de 108 détenus mineurs qui y ont séjourné de 1916 à 1926 était à la charge du budget du Sénégal. Ils étaient astreints à 10 heures de travail par jour et les sanctions allaient de l'isolement simple à la cellule avec ou sans fer. Selon leur conduite, ils étaient commis aux tâches de palefreniers, bouviers, conducteurs, jardiniers ou magasiniers.

L'expérience de Bambey ne fut pas concluante non plus.

Devant la multiplication des évasions (sur 44 détenus en 1926, 21 ont pu s'évader), le commissaire de Bambey, chargé de la garde des détenus dut se résigner à proposer sa fermeture. Un arrêté de 1927 y mit fin et créa une maison d'éducation pénitentiaire à Carabane. Celle-ci a fonctionné jusqu'en 1953. Elle fut remplacée à son tour par l'école pénitentiaire de Nianing.

S'agissant du personnel chargé des prisons, l'administration coloniale française se souciait peu de sa formation. Du personnel militaire et de police était affecté dans les prisons pour assurer les fonctions de direction et de surveillance. Pour le cas précis de la prison civile de Dakar, la direction était assurée par un personnel de gendarmerie jusqu'à l'Indépendance. Le régisseur était souvent un maréchal-chef des logis. Il était assisté par un gendarme commis aux fonctions de gardien-chef.

Les gardes qui étaient des agents indigènes ayant leur statut de membre du personnel de police s'occupaient du service intérieur, conduisaient les détenus à l'occasion des corvées extérieures et surveillaient ceux qui étaient admis dans les structures sanitaires.

Les postes de garde étaient assurés par un personnel militaire qui ne s'occupait que de la surveillance des parties extérieures de la prison. Il n'était mis à contribution à l'intérieur qu'en cas de trouble grave que les gardes ne pouvaient contenir.

Pendant toute la période coloniale, les prisons étaient gérées par les éléments de la gendarmerie, appartenant au détachement de l'Afrique occidentale française, dont le chef d'escadron, MERLHE, était à la tête pendant plusieurs années. Dans les cercles, les commandants des postes de gendarmerie cumulaient souvent les fonctions de régisseur avec leurs missions traditionnelles.

En 1960, à l'indépendance du Sénégal, le corps des agents de l'Administration pénitentiaire n'existait pas. La surveillance des prisons était assurée par la Garde républicaine qui avait pris la relève de la gendarmerie et, ensuite, par des éléments de la 4e compagnie de la Sûreté nationale. Les prisons étaient dirigées par des fonctionnaires détachés ou des non-fonctionnaires recrutés au niveau de la fonction publique.

Par la suite, les prisons étaient sous la tutelle du service de l'Administration pénitentiaire et de l'éducation surveillée, rattaché au ministère de la Justice, par décret **n° 62-0209** du **28 décembre 1962**. Un an plus tard, il sera rattaché au ministère de l'Intérieur par décret **n° 63-795** du **9 décembre 1963**, sous l'appellation de service de l'Administration pénitentiaire. Le service de l'Administration pénitentiaire sera érigé en Direction le **28 juin 1971**, par décret **n° 71-685**. Il a fallu attendre le **17 janvier 1998** et la mise en application des dispositions du **décret 98-49**, pour que l'Administration pénitentiaire revienne sous la tutelle du ministère de la Justice.

## 2– CADRE JURIDIQUE

Dès son accession à la souveraineté internationale, le Sénégal a mis en place une politique criminelle efficace, en tenant compte des réalités locales, par le renforcement de ses institutions juridiques internes.

Les textes de base ayant trait à l'organisation judiciaire remontent aux années 1960, en ce qui concerne les juridictions de droit commun ou d'exception.

Les lois **65-60 et 65-61**, portant respectivement Code pénal et Code de procédure pénale, ont été promulguées le **21 juillet 1965**. Il y a lieu de noter que, malgré leur originalité, ces instruments juridiques restent fortement influencés par la législation de la métropole et des territoires français d'outre-mer.

Le Code de procédure pénale consacre ses chapitres 1 et 3, ainsi que le titre 3, respectivement, à l'exécution des peines privatives de liberté (articles **689** à **693 CPP**), aux dispositions communes régissant les différents établissements pénitentiaires (articles **694** à **698 CPP**) et à la libération conditionnelle (articles **699** à **703**).

Aussi, le législateur sénégalais n'a pas manqué de tenir compte des recommandations des Nations unies sur l'ensemble des Règles minima pour le traitement des détenus.

En application de l'article **698 CPP**, le **décret 66-1081 du 31 décembre 1966**, portant organisation et régime des établissements pénitentiaires, a abrogé et remplacé l'**arrêté français 68-18 A.P.A du 22 octobre 1947**, modifié en **1952** et en **1956**.

L'arrêté ministériel **n° 08683/MINT/CAB/CT** portant règlement intérieur des établissements pénitentiaires a été signé le 29 juin 1967. Il a été abrogé et remplacé par l'arrêté ministériel **n° 7117/MINT/DAP** du 21 mai 1987.

L'arrêté n° **9391/M.INT/CAB** du 31 juillet 1971 organisa la Direction de l'Administration pénitentiaire. Il sera modifié successivement par les arrêtés n° **13253** du 30 octobre 1979 et n° **007836** du 28 juillet 1981.

Le décret n° **66-1081 31 décembre 1966** a connu les modifications suivantes :

– **Décret n° 68-583 du 28 mai 1968** qui règlemente le travail pénitentiaire, en apportant des précisions sur les dispenses accordées aux détenus, condamnés pour crime ou délit, et relatives à leur état de santé, leur infirmité et leur âge avancé.

– **Décret n° 84-145 du 8 février 1984** qui crée une maison de correction à Sébikotane et une maison d'arrêt et de correction pour femmes à Rufisque.

– **Décret n° 86-1466 du 28 novembre 1986** qui crée les maisons d'arrêt et de correction du pavillon spécial et de Hann (ex Fort B). Il faut noter que le fort B, la MAC de Rufisque, la MC de Sébikotane, le Cap Manuel et le pavillon spécial étaient des annexes de la maison centrale de Reubeus. Le même décret a créé les camps pénaux de Koutal et Kédougou, de Hann, appelé désormais camp pénal de Liberté VI, ainsi que la maison d'arrêt de Dakar qui était auparavant une maison d'arrêt et de correction. Le décret de 1986 a aussi règlementé les modalités des visites des avocats et conseils, à qui il est exigé, désormais, une lettre de constitution, visée par le magistrat instructeur, pour accéder à leurs clients.

Dans le cadre des réformes du Code de procédure pénale, le décret **n° 66-1081 du 31 décembre 1966** modifié a été abrogé et remplacé par le décret **n° 2001-362 du**

**4 mai 2001** relatif aux procédures d'exécution et d'aménagement des sanctions pénales, en application de la loi **n° 2000-39 du 29 décembre 2000**, instituant le juge de l'application des peines.

S'agissant de l'organisation de la Direction de l'Administration pénitentiaire, elle est règlementée par l'arrêté n° **10158 du 20 juin 2014** qui a abrogé et remplacé l'arrêté n° **2221 du 16 février 1989**. L'École nationale d'Administration pénitentiaire (ENAP) a pour sa part été créée par décret n° **2014-1568 du 03 décembre 2014**.

Pour être complet, il faut mentionner le règlement intérieur qui existe dans chaque établissement. Il porte notamment sur la discipline et la sécurité intérieure, les punitions et récompenses, les plaintes et réclamations, l'hygiène et la santé, le régime alimentaire, l'emploi du temps, la gestion des biens, les visites, les correspondances, l'assistance spirituelle, l'assistance judiciaire, la préparation à la réinsertion.

S'agissant du personnel, il est régi par la loi **72-23 du 19 avril 1972** modifiée, relative au statut du personnel de l'Administration pénitentiaire et son décret d'application **n° 79-386 en date du 9 mai 1979**. Ladite loi a été modifiée et complétée par la loi **n° 2006-34 du 16 octobre 2006** avec la création du corps des inspecteurs de l'Administration pénitentiaire. Enfin en application de cette dernière loi, le décret **n° 79-386 du 9 mai 1979** a été abrogé et remplacé par le **décret n° 2007-951 du 7 août 2007**.

Sans être exhaustif, il s'agit là des principaux textes qui constituent le cadre juridique du système pénitentiaire sénégalais.

Cela dit, le système pénitentiaire sénégalais peut être appréhendé à travers une présentation générale de l'Administration pénitentiaire (**Première partie**) et l'analyse de la vie en prison (**Deuxième partie**).

# PREMIÈRE PARTIE

# PRÉSENTATION GÉNÉRALE DE L'ADMINISTRATION PÉNITENTIAIRE

Érigée en Direction nationale par décret n° **71.877 du 30 juillet 1971**, elle est placée sous l'autorité du ministre de la Justice. Le directeur est nommé par décret du président de la République sur proposition du ministre de la Justice. Pour mieux appréhender cette institution républicaine, il y a lieu de passer en revue d'une part ses missions et son organisation et d'autre part son personnel.

# CHAPITRE PREMIER

# MISSIONS ET ORGANISATION

## SECTION I : LES MISSIONS DE L'ADMINISTRATION PÉNITENTIAIRE

Elles sont fixées par **l'article 685 du Code de procédure pénale** qui dispose :

« La mise à exécution des décisions judiciaires prononçant une peine privative de liberté ou ordonnant une incarcération provisoire, la garde et l'entretien des personnes qui, dans les cas déterminés par la loi, doivent être placées ou maintenues en détention en vertu ou à la suite de décisions de justice sont assurées par l'Administration pénitentiaire. »

**L'article premier de la loi 2006-34 du 16 octobre 2006** relative au statut du personnel de l'Administration pénitentiaire pour sa part stipule : « L'Administration pénitentiaire concourt à la réalisation des objectifs pénitentiaires définis par le Gouvernement. Elle assure la surveillance, la gestion et le bon fonctionnement des établissements pénitentiaires.

Ses membres participent aux commissions pénitentiaires consultatives d'aménagement des peines et peuvent faire partie du comité de suivi en milieu ouvert.

En cas de besoin, ils peuvent être constitués en forces supplétives de police et utilisés dans les tâches de maintien de l'ordre public… »

Ces dispositions sont complétées par le décret n° **2007-554 du 30 avril 2007** portant organisation du ministère de la Justice qui précise en son article 18 que :

« La Direction de l'Administration pénitentiaire est chargée de l'exécution des décisions judiciaires prononçant une peine privative de liberté et des mesures relatives à la détention provisoire, de l'insertion et de la réinsertion sociale des détenus. À ce titre :

– elle concourt à l'élaboration des projets de textes législatifs et réglementaires relevant de sa compétence ;

– elle élabore la réglementation et assure la gestion des établissements pénitentiaires ;

– elle assure le contrôle général des services extérieurs. »

Telle qu'énoncée, la mission de la Direction de l'Administration pénitentiaire comprend une composante sécuritaire et une composante réinsertion. Toutefois, malgré la nécessité de travailler à une meilleure réinsertion sociale des détenus, il y a lieu de préciser qu'il ne s'agit pas pour l'Administration pénitentiaire d'assurer la réinsertion effective du détenu, mais plutôt de mettre en œuvre une véritable politique de préparation à la réinsertion.

Pour évaluer l'action de l'Administration pénitentiaire, une distinction peut être proposée, celle que suggère la théorie juridique des obligations. Les juristes distinguent les obligations de résultat des obligations de moyens.

Le débiteur d'une obligation de résultat est juridiquement tenu d'atteindre un résultat déterminé. À l'inverse, le débiteur d'une obligation de moyens n'est juridiquement tenu que d'appliquer sa compétence, ainsi du médecin non tenu de guérir, mais de soigner avec science et conscience.

Rapportée à l'Administration pénitentiaire, cette distinction recoupe celle de la mission traditionnelle de garde, laquelle peut s'analyser en une obligation de résultat, et de la perspective de réinsertion sociale, laquelle peut s'analyser en une obligation de moyens.

## SECTION II : ORGANISATION DE L'ADMINISTRATION PÉNITENTIAIRE

L'organisation et le fonctionnement de la Direction de l'Administration pénitentiaire reposent sur le **décret 2007-554 du 30 avril 2007** portant organisation du ministère de la Justice et **l'arrêté n° 10158 du 20 juin 2014** portant organisation de la Direction de l'Administration pénitentiaire qui a abrogé et remplacé **l'arrêté n° 2221 du 16 février 1989**.

Pour l'accomplissement des missions qui lui incombent, le directeur de l'Administration pénitentiaire dispose de services centraux et de services déconcentrés.

### Paragraphe 1 : Les services centraux

#### *A – La Division de l'Inspection des services pénitentiaires (D.I.S.P)*

Elle est placée sous l'autorité du directeur de l'Administration pénitentiaire. Elle est dirigée par un inspecteur de l'Administration pénitentiaire, assisté d'inspecteurs, de contrôleurs et d'agents administratifs.

La Division de l'Inspection des services pénitentiaires est chargée :

– des missions de contrôle portant sur l'organisation et le fonctionnement de l'ensemble des services, des inspections régionales et des établissements pénitentiaires ;

– des missions d'enquête sur l'ensemble des agents de l'Administration pénitentiaire susceptibles de faire l'objet d'une procédure disciplinaire ;

– de la supervision des passations de service ;

– de l'exploitation des procès-verbaux établis à l'issue des visites des établissements pénitentiaires par les commissions de surveillance ;

– des missions de contrôle et des enquêtes disciplinaires accomplies suivant instruction du directeur de l'Administration pénitentiaire.

Dans le cadre de leurs missions, les inspecteurs veillent à l'application correcte des textes législatifs et réglementaires en vigueur, formulent des conseils et avis pour la bonne marche du service public pénitentiaire.

Les inspecteurs disposent dans l'exercice de leurs missions de tout pouvoir d'investigation et de contrôle. Ils peuvent convoquer et entendre tout agent de l'Administration pénitentiaire et se faire communiquer tous documents utiles.

À l'issue de leur mission, ils dressent un rapport contenant leurs conclusions et recommandations qu'ils soumettent au directeur de l'Administration pénitentiaire.

Au début de chaque année, le chef de division soumet un programme annuel d'inspection au directeur de l'Administration pénitentiaire.

### *B – La Division de la Législation, des Statistiques et des Établissements pénitentiaires (D.L.S.E.P.)*

Elle est dirigée par un inspecteur de l'Administration pénitentiaire.

Elle est chargée :

– de la promotion et de l'élaboration des textes législatifs et réglementaires relevant de la compétence de l'Administration pénitentiaire ;

– des études générales ou particulières relatives à l'organisation et au fonctionnement de l'Administration pénitentiaire ;

– de l'instruction et du suivi des dossiers de grâce, de libération conditionnelle, de semi-liberté, de placement à l'extérieur, des demandes de permission de sortie des détenus, de la probation ainsi que du suivi de tous les modes d'aménagement des peines et des mesures alternatives à l'incarcération ;

– de l'enquête relative à l'évolution de la population pénale ;

– de la gestion du fichier automatisé de la population pénale ;

– du suivi de l'évolution de la population carcérale, des statistiques, des transfèrements ;

– de l'étude et de l'exploitation des autorisations de visite ou d'accès des partenaires et intervenants dans les établissements pénitentiaires ;

– de la promotion et du suivi des questions relatives à la coopération internationale.

En outre, elle est chargée de veiller au bon fonctionnement de l'ensemble des établissements pénitentiaires. À cet effet, elle reçoit les pièces mensuelles établies par les établissements pénitentiaires.

***C - La Division des finances et du matériel (D.F.M.)***

Elle est dirigée par un inspecteur de l'Administration pénitentiaire et est chargée :

– de la préparation et de l'exécution du budget général et d'équipement ;

– de la gestion du compte spécial du trésor « opérations à caractère industriel ou commercial effectuées par les établissements pénitentiaires ».

En outre elle assure :

– la tenue de la comptabilité des matières ;

– la gestion des bâtiments administratifs, mobiliers et matériels ;

– l'approvisionnement des services en matériels nécessaires à leur fonctionnement et le contrôle de leur utilisation ;

– la gestion du parc automobile, de la maintenance de l'entretien et de la réparation des véhicules ;

– la gestion et la maintenance du matériel informatique ;

– la gestion des armes et munitions affectées aux différents services et établissements pénitentiaires.

### *D - La Division des Ressources humaines (DRH)*

Elle est dirigée par un inspecteur de l'Administration pénitentiaire et est chargée :

– de la gestion de l'ensemble des personnels mis à la disposition de l'Administration pénitentiaire ;

– de la planification des effectifs, des besoins en personnels et de l'organisation des concours de recrutement des personnels de l'Administration pénitentiaire ;

– de l'organisation de la formation continue ;

– de la mise en œuvre, du contrôle et du suivi des procédures disciplinaires et des décisions qui en découlent ;

– de l'établissement et du suivi des dossiers individuels des personnels devant être présentés devant la commission de réforme ;

– de la proposition et de la gestion des sanctions positives et négatives concernant les personnels pénitentiaires.

### *E – La Division de la Sécurité pénitentiaire (D.S.P.)*

Elle est dirigée par un inspecteur de l'Administration pénitentiaire et est chargée :

– des études, de l'organisation, de l'équipement et de la mise en œuvre de la sécurité dans les établissements pénitentiaires.

– de la supervision des opérations d'équipement et de modernisation du dispositif de sécurité ;

– de la coordination de l'activité du bureau de renseignement pénitentiaire ;

– de la gestion du poste de sécurité de la Direction de l'Administration pénitentiaire.

En outre, sous l'autorité du directeur de l'Administration pénitentiaire, elle est chargée de l'emploi des Éléments pénitentiaires d'intervention (EPI).

En cas de besoin, elle assiste le directeur de l'Administration pénitentiaire dans les missions de maintien de l'ordre public.

### *F – La Division de la réinsertion sociale (D.R.S.)*

Elle est dirigée par un inspecteur de l'Administration pénitentiaire et est chargée :

– du contrôle et de l'exécution des projets d'alphabétisation, de formation professionnelle, d'élevage, d'agriculture, de maraîchage, d'aviculture et de toutes les autres activités culturales des établissements pénitentiaires ;

– de la promotion des actions de préparation à la réinsertion sociale par des activités de production au niveau des ateliers en relation avec les chefs d'établissements pénitentiaires ;

– de la gestion des galeries pénitentiaires ;

– de la rédaction des contrats de main d'œuvre pénitentiaire et des accords de partenariat ;

– du maintien et du suivi des relations entre la Direction de l'Administration pénitentiaire et les ONG ainsi que les associations intervenant en milieu carcéral ;

– de la coordination des activités des services socio-éducatifs dans les différents établissements pénitentiaires.

### *G – La Division médico-sociale (D.M.S.)*

Elle est dirigée par un médecin-chef. Elle comprend :

– un service médical ;

– un service social.

**Le service médical est dirigé par un médecin**

Il est chargé :

– des consultations médicales, des soins et de l'hospitalisation des personnels et de leurs familles ;

– des consultations médicales, des soins et de l'hospitalisation des détenus malades et de leur suivi médical ;

– de la gestion et du contrôle des médicaments et des matériels techniques mis à la disposition des infirmeries des établissements pénitentiaires ;

– de la gestion et du contrôle des Unités hospitalières sécurisées (U.H.S.)

**Le service social est dirigé par un travailleur social**

Il est chargé de :

– l'aide des personnels pénitentiaires et de leurs familles ;

– l'appui psychosocial des détenus sous le contrôle des chefs d'établissements pénitentiaires.

### *H – Le Service de la communication (S.C.) est chargé :*

– de l'élaboration et de la mise en œuvre d'une stratégie opérationnelle de communication ;

– de la gestion du courrier commun, des archives et de la documentation de l'Administration pénitentiaire ;

– du site informatique et des technologies de l'information et de la communication ;

– de la diffusion de la revue « le MIRADOR » et des autres publications ;

– de la gestion des relations publiques et de la liaison avec la presse ;

– du suivi des missions des organisations internationales.

**Paragraphe 2 : Les services déconcentrés**

Les services déconcentrés de l'Administration pénitentiaire comprennent :

– les Inspections régionales de l'Administration pénitentiaire (IRAP) ;

– l'École nationale d'Administration pénitentiaire (ENAP) ;

– les établissements pénitentiaires.

***A – Les Inspections régionales de l'Administration pénitentiaire (IRAP)***

Dans le souci d'asseoir une meilleure politique pénitentiaire, de contribuer à la consolidation de l'État de droit et d'instaurer un management efficient des établissements pénitentiaires, une carte pénitentiaire du Sénégal a été dessinée avec comme principale innovation la création des inspections régionales ou régions pénitentiaires et une nouvelle classification des établissements pénitentiaires.

Les inspections régionales ont été créées en s'inspirant de l'organisation des circonscriptions administratives, de l'organisation judiciaire, des zones militaires, des légions de gendarmerie.

Ces inspections, au nombre de six (06) sont ainsi réparties :

– Inspection régionale de Dakar qui couvre la maison d'arrêt de Rebeuss (M.A.R), le camp pénal de Liberté 6, la maison d'arrêt et de correction du Cap Manuel, la maison d'arrêt et de correction du Pavillon spécial, la maison d'arrêt pour femmes de Liberté 6, la maison d'arrêt et de correction de Hann, la maison de correction de Sébikotane, la maison d'arrêt et de correction pour femmes de Rufisque ;

– Inspection régionale de Thiès qui couvre les établissements pénitentiaires de la région de Thiès à savoir la maison d'arrêt et de correction de Thiès, la maison d'arrêt et de correction de Tivaouane, la maison d'arrêt et de correction de Mbour et les établissements pénitentiaires de la région de Diourbel que sont la maison d'arrêt et de correction de Diourbel, la maison d'arrêt et de correction de Mbacké et la maison d'arrêt et de correction de Bambey ;

– Inspection régionale de Saint-Louis qui couvre les établissements pénitentiaires de la région de Saint-Louis à savoir la maison d'arrêt et de correction de Saint-Louis, la maison d'arrêt et de correction de Dagana, la maison d'arrêt et de correction de Podor et les établissements pénitentiaires de la région de Louga que sont la maison d'arrêt et de correction de Louga, la maison d'arrêt et de correction de Kébémer et la maison d'arrêt et de correction de Linguère ;

– Inspection régionale de Kaolack qui couvre les établissements pénitentiaires de la région de Kaolack à savoir la maison d'arrêt et de correction de Kaolack, le camp pénal de Koutal, la maison d'arrêt et de correction de Nioro, les établissements pénitentiaires de la région de Fatick à savoir la maison d'arrêt et de correction de Fatick, la maison d'arrêt et de correction de Foundiougne, la maison d'arrêt et de correction de Gossas et enfin le seul établissement pénitentiaire de la région de Kaffrine qu'est la maison d'arrêt et de correction de Kaffrine ;

– Inspection régionale de Tambacounda qui couvre les établissements pénitentiaires de la région de Tambacounda à savoir la maison d'arrêt et de correction de Tambacounda et la maison d'arrêt et de correction de Bakel, le seul établissement pénitentiaire que compte la région de Matam qu'est la maison d'arrêt et de correction de Matam et enfin le seul établissement pénitentiaire de la région de Kédougou qu'est la maison d'arrêt et de correction de Kédougou ;

– Inspection régionale de Ziguinchor qui couvre les établissements pénitentiaires de la région de Ziguinchor à savoir la maison d'arrêt et de correction de Ziguinchor, la maison d'arrêt et de correction de Bignona, la maison d'arrêt et de correction de Oussouye, les établissements péniten-tiaires de la région de Kolda à savoir la maison d'arrêt et de correction de Kolda, la maison d'arrêt et de correction de Vélingara, et enfin le seul établissement pénitentiaire de la région de Sédhiou qu'est la maison d'arrêt et de correction de Sédhiou.

L'inspection régionale est dirigée par un inspecteur de l'Administration pénitentiaire qui représente le directeur de l'Administration pénitentiaire dans son ressort. Pour l'accomplissement de sa mission, l'inspecteur régional dispose d'un personnel, d'un budget et d'équipements nécessaires à son fonctionnement.

L'inspecteur régional de l'Administration pénitentiaire est chargé :

– de coordonner et de contrôler l'action des directeurs d'établissements implantés dans la région pénitentiaire ;

– de présider les passations de service entre les directeurs d'établissements pénitentiaires placés sous son autorité ;

– d'effectuer des missions d'inspection périodiques au niveau de ces établissements pénitentiaires ;

– d'exploiter les documents périodiques des établissements pénitentiaires à transmettre au directeur de l'Administration pénitentiaire ;

– de gérer et d'évaluer les personnels de la région pénitentiaire ;

– de suivre l'évolution des effectifs carcéraux ;

– d'autoriser les transfèrements administratifs dans les établissements de son ressort ;

– de suivre l'exécution des mesures d'aménagement des sanctions pénales ;

– d'assurer en relation avec la Division des ressources humaines, le suivi de la formation continue des personnels pénitentiaires de son ressort ;

– de contrôler l'utilisation des dotations budgétaires mises à la disposition des directeurs d'établissements pénitentiaires, conformément aux règles de la comptabilité publique.

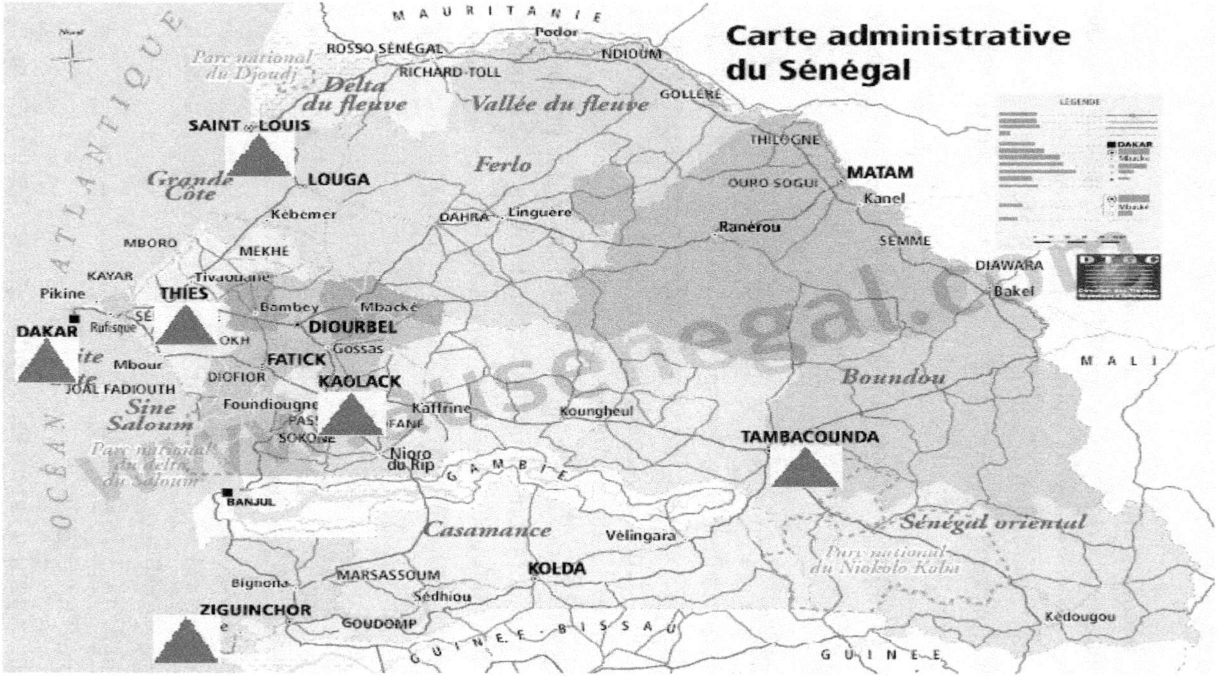
Carte administrative
du Sénégal
MAURITANIE
MALI
GAMBIE
GUINEE-BISSAU
GUINEE
OCEAN ATLANTIQUE
Parc national du Djoudj
Delta du fleuve
Vallée du fleuve
Grande Côte
Ferlo
Boundou
Sine Saloum
Parc national du delta du Saloum
Casamance
Sénégal oriental
Parc national du Niokolo Koba
SAINT-LOUIS
LOUGA
MATAM
THIES
DAKAR
DIOURBEL
FATICK
KAOLACK
TAMBACOUNDA
KOLDA
ZIGUINCHOR
Podor
ROSSO SÉNÉGAL
RICHARD-TOLL
NDIOUM
GOLLÉRÉ
THILOGNE
OURO SOGUI
Kanel
Ranérou
SEMME
DIAWARA
Bakel
Kébémer
DAHRA
Linguère
MBORO
MEKHE
KAYAR
Tivaouane
Pikine
Rufisque
Bambey
Mbacké
Gossas
Mbour
DIOFIOR
JOAL FADIOUTH
Foundiougne
SOKONE
Kaffrine
Koungheul
Nioro du Rip
BANJUL
Vélingara
Bignona
MARSASSOUM
Sédhiou
GOUDOMP
Kédougou
LÉGENDE

### *B – L'École nationale d'Administration pénitentiaire (ENAP)*

La nécessité de confier la formation des personnels pénitentiaires à des professionnels de la question conformément aux normes et standards internationaux a rendu nécessaire la création d'une École nationale d'Administration pénitentiaire (ENAP). Elle a été instituée par décret n° 2014-1568 du 03 décembre 2014. L'ENAP est un établissement public à caractère administratif placé sous la tutelle technique du ministère de la Justice et la tutelle financière du ministère de l'Économie, des Finances et du Plan.

L'ENAP a pour missions d'assurer :

– la formation professionnelle, civique et morale des candidats aux emplois du service public pénitentiaire admis à l'École dans les conditions fixées par le statut du personnel de l'Administration pénitentiaire ;

– le perfectionnement ou la spécialisation des personnels de l'Administration pénitentiaire par des stages, séminaires, colloques ou tout autre moyen approprié ;

– la réalisation de travaux de recherche et d'études ;

– la formation d'élèves étrangers en vertu d'accords entre la République du Sénégal et les pays étrangers ;

– la mise en œuvre d'actions de partenariat avec des institutions d'enseignement et de recherche sénégalaises et étrangères.

Au titre de son administration, l'ENAP comprend les organes suivants :

– un comité de gestion ;

– une Direction ;

– un conseil d'orientation pédagogique et scientifique ;

– un conseil de discipline.

L'accès à l'ENAP se fait par voie de concours direct, professionnel ou au titre des emplois réservés. L'école peut recevoir des élèves étrangers sous réserve de l'acquittement de leurs frais de scolarité fixés par le comité de gestion, par délibération.

### *C- Les établissements pénitentiaires*

La création des inspections régionales a naturellement conduit à une nouvelle classification des établissements pénitentiaires qui, outre les critères définis par les dispositions de **l'article 698 CPP**, répond à d'autres considérations, relatives à la capacité d'accueil, au plafond budgétaire alloué et à la spécificité de l'établissement pénitentiaire.

Ainsi trois catégories ont été identifiées :

– les établissements **hors classe** au nombre de huit (08) : maison d'arrêt de Rebeuss à Dakar, camp pénal de Liberté VI, MAC de Thiès, MAC de Kaolack, MAC de Diourbel, MAC de Ziguinchor, MAC de Saint-Louis et MAC de Tambacounda ;

– les établissements de **première classe** qui sont seize (16) : MAC de Hann, MAC du Cap Manuel, MC de Sébikotane, MAF de Liberté VI, MAC de Mbacké, MAC de Matam, camp pénal de Koutal, MAC de Mbour, MAC de Louga, MAC de Fatick, MAC de Gossas, MAC de Kolda, MAC de Vélingara, MAC de Sédhiou, MAC Kaffrine, MAC de Kédougou ;

– les établissements de **deuxième classe** qui se chiffrent à treize (13) : MAC de Rufisque, MAC du Pavillon spécial, MAC de Bignona, MAC de Oussouye, MAC de Bambey, MAC de Dagana, MAC de Podor, MAC de Bakel, MAC Nioro du Rip, MAC de Tivaouane, MAC de Kébémer, MAC de Foundiougne et MAC de Linguère.

Au total les 6 inspections régionales polarisent les 37 établissements pénitentiaires du pays qui se répartissent ainsi qu'il suit :

- **32 *maisons d'arrêt et de correction parmi lesquelles un pavillon d'hospitalisation, une prison pour mineurs et une prison pour femmes*** ;
- ***2 maisons d'arrêt, dont une pour femmes ;***
- ***2 camps pénaux (Liberté 6 et Koutal) ;***
- ***1 maison de correction (Sébikotane).***

On le voit donc, il existe différents types d'établissements pénitentiaires qu'il importe de connaître (1) avant d'examiner les différents régimes pénitentiaires (2) qui y sont appliqués.

## 1 – La typologie des établissements pénitentiaires

### *a) La maison d'arrêt*

Elle est implantée au siège de chaque tribunal régional conformément aux dispositions de l'article 686 CPP qui précise que « ***Les inculpés, prévenus, et accusés soumis à la détention provisoire la subissent dans une maison d'arrêt.*** » L'article 23 du décret de 2001 précise à son tour que « ***les maisons d'arrêt reçoivent les condamnés à l'emprisonnement de simple police et les personnes soumises à la contrainte par corps.*** »

### *b) La maison de correction*

Elle est prévue pour les condamnés à une peine correctionnelle d'une durée égale ou inférieure à un an, après le moment où la condamnation est devenue définitive. (**article 689** du **C.P.P**. et **article 3** du **décret de 2001**).

Au Sénégal, il n'y a qu'une seule maison de correction qui est implantée à Sébikotane. Elle a une vocation agricole.

**L'article 689 du Code de procédure pénale** précise qu'un établissement peut servir à la fois de maison d'arrêt et de maison de correction. C'est le cas notamment de trente-deux (32) établissements pénitentiaires. Ce sont des établissements mixtes subdivisés en plusieurs secteurs destinés à séparer les détenus condamnés des détenus provisoires, les femmes des hommes et les mineurs des adultes.

*c) Le camp pénal*

Il reçoit les condamnés à de longues peines d'une durée supérieure à un an. L'article 23, alinéa 1 du décret de 2001 précise : ***« Les camps pénaux reçoivent les individus condamnés aux travaux forcés à temps, et à perpétuité, à la détention criminelle et ceux auxquels il reste à subir une peine d'une durée supérieure à un an ou plusieurs peines dont le total est supérieur à un an après le moment où leur condamnation ou la dernière de leur condamnation est devenue définitive. »***

## 2 – Les différents régimes pénitentiaires

Avec l'avènement du XIXe siècle qui connaît un progrès dans la conception du statut du détenu, le temps de la prison, « espace hors la loi » est révolu. Le détenu demeure un citoyen et ne doit être dépossédé en prison que de sa liberté d'aller et de venir et non de ses droits individuels et de sa dignité d'être humain.

Mais l'idée d'une réforme du régime pénitentiaire vint des États-Unis où des méthodes furent expérimentées, notamment à Philadelphie en 1829 d'où le nom de système pennsylvanien, puis à la prison d'Auburn dans l'État de New York vers 1825, ce qui lui valut le nom de système auburnien.

• LE SYSTÈME PENNSYLVANIEN

Le système pennsylvanien obéissait à un principe unique et rigoureux. En effet, les détenus devaient être soumis à un isolement absolu de jour comme de nuit et astreints à de durs travaux.

Il s'est révélé que l'isolement protège contre les dangers de corruption que présente la fréquentation des autres détenus. Mais il peut conduire certains détenus au bord de la folie. Il s'est en plus avéré que ce système était coûteux. Cependant il connut une certaine faveur en Europe et notamment en France au XIXe siècle.

• LE SYSTÈME AUBURNIEN

Le système auburnien avait, quant à lui, un caractère moins sévère. Les détenus étaient isolés en cellule la nuit seulement et la journée ils travaillaient et prenaient leurs repas en commun, tout en observant un silence absolu. Ce système fut préféré au système pennsylvanien puisqu'il avait l'avantage de faciliter l'organisation du travail.

• LE RÉGIME PROGRESSIF OU RÉGIME IRLANDAIS

Il a fallu attendre la seconde moitié du XIXe siècle pour voir l'intention d'amender par l'emprisonnement se dégager véritablement. Cette idée inspira les créateurs du régime progressif ou régime irlandais. Celui-ci combinait les avantages des systèmes précédents. Partant de l'isolement complet, les détenus étaient conduits à la liberté en passant par différentes étapes, de moins en moins sévères. La bonne conduite de l'individu était la condition de sa progression et le retour à la liberté était précédé d'une sorte d'apprentissage qui consistait en un travail à l'extérieur de la prison et à une liberté surveillée. Si l'attitude des délinquants le justifiait, ils pouvaient alors bénéficier d'une mise en liberté conditionnelle. Ce système, assez libéral, a été largement expérimenté à travers le monde.

Le législateur sénégalais a tenu compte de ces systèmes. C'est ainsi qu'au Sénégal différents systèmes sont appliqués dans les établissements pénitentiaires. On peut les classer en deux catégories : les régimes ordinaires (a) et les régimes spéciaux (b).

*a) Les régimes ordinaires*

*a.1- Le régime d'isolement complet (jour et nuit)*

Dans les maisons d'arrêt et de correction : c'est en fait l'emprisonnement cellulaire prévu par **l'article 688** du code de procédure pénale pour la détention provisoire en maison d'arrêt et par **l'article 691** du même code pour la détention en maison de correction.

Mais cette règle ne fait pas obstacle à l'organisation d'activités collectives prévues par les règlements intérieurs des prisons. On peut aussi déroger à l'emprisonnement individuel notamment en cas d'encombrement temporaire, de surcharge des effectifs ou pour une bonne organisation du travail. Ce régime est différent du système pennsylvanien. Les détenus ne sont pas isolés intégralement en raison des impératifs de préparation à la réinsertion sociale. Dans la pratique, l'application de ce régime se traduit par un véritable emprisonnement en commun en raison de l'inadaptation des infrastructures.

*a.2- Le régime d'isolement partiel ou emprisonnement mixte*

Aux termes de l'article 691 du Code de procédure pénale, les condamnés sont soumis à l'isolement de nuit seulement, après avoir subi éventuellement une période d'observation en cellule. **L'article 30 du décret 2001** dispose : « ***Dans les camps pénaux, les condamnés sont***

***soumis à l'incarcération et au travail en commun de jour et à l'isolement de nuit.*** »

Ce régime d'emprisonnement dit auburnien est apparu au XIX$^{e}$ siècle dans l'État de New York. Il cherchait à combiner les avantages des régimes de l'emprisonnement cellulaire et de l'emprisonnement en commun et à annuler leurs inconvénients.

Le régime maintient le condamné en cellule la nuit et organise la journée de travail en commun et en silence. Ce système pratiqué pour les peines de longue durée est moins débilitant. Le détenu est moins inadapté et l'organisation du travail est meilleure.

Toutefois, en raison des modalités pratiques d'organisation propres à chaque prison, les règles de fonctionnement peuvent être légèrement altérées.

*a.3- Le régime progressif*

Il apparaît à la lecture de l'**article 24 du décret de 2001** qui dispose qu'« *un arrêté du ministre chargé de l'Administration pénitentiaire détermine ceux des camps pénaux qui comportent un régime basé sur l'individualisation de la peine fondée sur la constatation de la bonne conduite des intéressés et des efforts qu'ils manifestent en vue de leur reclassement.* »

Le régime progressif vise à adapter le traitement du détenu à son attitude et à son degré d'amendement. Applicable dans les camps pénaux, il est fondé sur la bonne conduite des condamnés et les efforts qu'ils manifestent, en vue de leur reclassement.

Ce régime cherche à faciliter aux détenus le retour à la vie libre. Ainsi au cours des phases terminales les condamnés bénéficient d'un régime de confiance, d'un régime de semi-liberté ou de libération conditionnelle. C'est le règlement intérieur de la prison qui va prévoir les conditions d'admission dans chaque phase et l'accès aux dernières phases dépend de la décision du juge de l'application des peines telle que prévue à l'article 31 du décret 2001-362 du 04 mai 2001 relatif aux procédures d'exécution et d'aménagement des sanctions pénales.

*a.4- Le régime d'emprisonnement en commun*

C'est pratiquement le régime qui est principalement employé au Sénégal. Dans l'emprisonnement en commun, on sépare les hommes, les femmes, les adultes et les mineurs. Les détenus vivent ensemble tout le temps, couchent dans des dortoirs en commun, prennent leur repas en commun et travaillent dans des ateliers, etc. Ce régime a l'avantage de l'économie, il peut permettre un meilleur rendement du travail. Les inconvénients par contre sont nombreux et graves. Le système corrompt l'individu, il ne l'amende pas facilement. En effet, la promiscuité entraîne la perversion et de mauvaises influences. De véritables bandes de malfaiteurs peuvent se constituer en vue d'organiser des évasions, des révoltes et de préparer des crimes à commettre dès leur sortie. Pour ceux qui regrettent leurs actes, la promiscuité est intolérable et cela peut entraîner des chantages. Pour les détenus qui veulent sincèrement s'amender, la vie en commun avec des codétenus pervertis ne fait que les entraîner.

À côté des régimes ordinaires, il y a les régimes spéciaux.

*b) Les régimes spéciaux*

Ils concernent les mineurs, les femmes et les étrangers.

*b.1- Les mineurs*

Aux termes de **l'article 576 du Code de procédure pénale**, le mineur âgé de plus de treize ans ne peut être placé provisoirement dans une maison d'arrêt par le juge d'instruction que si cette mesure parait indispensable ou encore s'il est impossible de prendre toute autre disposition. Dans ce cas le mineur est détenu dans un quartier spécial ou à défaut dans un local spécial et il est soumis à l'isolement de nuit.

Au Sénégal, la **MAC de Hann** est l'établissement exclusivement réservé aux mineurs garçons et la **MAF (Maison d'arrêt pour femmes)** reçoit les filles mineures.

Si les mineurs sont considérés comme délinquants (récidivistes ou criminels) ou comme étant en danger physique ou moral, le Tribunal pour enfants fait application, soit des dispositions prévues **aux articles 566** et suivant soit celles prévues **aux articles 593 et suivant du C.P.P.**

Les mineurs considérés comme délinquants récidivistes ou criminels peuvent être incarcérés selon les dispositions légales tout en faisant l'objet du régime conçu en vue de leur rééducation. Ce régime comporte :

– une prise en charge par des éducateurs dans la formation scolaire ou professionnelle ;

– le travail pénal ne leur est pas assigné ;

– un supplément de nourriture leur est garanti.

Si les mineurs sont considérés comme étant en danger moral et physique, ils peuvent faire l'objet soit d'un placement en milieu ouvert sous le contrôle des délégués à la liberté surveillée, soit d'un placement en centre de protection.

À la **MAC de Hann** comme à la **MAF**, le personnel, éducateurs et assistants dont le rôle consiste à réduire l'état dangereux des délinquants mineurs et à valoriser leur personnalité en vue de leur adaptation sociale, a mis en œuvre des programmes dans les domaines suivants :

□ activités culturelles ;

□ éducation morale, éducation religieuse, espace d'écoute ;

□ discussion de groupe ;

□ sport ;

□ support audiovisuel ;

□ cours d'alphabétisation en français et arabe.

Dans les autres établissements pénitentiaires, les mineurs placés en prison sont séparés des adultes, ils sont internés dans un quartier qui leur est exclusivement réservé ; ils bénéficient d'une attention spéciale.

*b.2- Les femmes*

Il existe deux établissements pénitentiaires pour femmes : la maison d'arrêt de Liberté 6 et la maison d'arrêt et de correction de Rufisque. Cependant, le décret 2001-362 du 04 mai 2001 n'interdit pas de placer les femmes dans des maisons d'arrêt et de correction ou des camps pénaux. Mais il faut préciser que les femmes doivent y être placées dans des quartiers distincts de manière à éviter toute communication avec les hommes.

Elles sont surveillées, fouillées par un personnel de sexe féminin qui doit même avoir la garde de toutes les clefs de ce secteur de l'établissement.

Les femmes enceintes bénéficient d'un régime approprié, elles sont placées pendant les deux derniers mois de leur grossesse dans un local approprié. Lorsque l'accouchement d'une femme en prison est imminent, cette dernière doit être dirigée vers le service de maternité d'un établissement hospitalier. Ceci évitera à l'enfant d'avoir un extrait de naissance sur lequel la prison est enregistrée comme lieu de naissance. Même si pour une raison quelconque, l'enfant naît en prison, l'acte de naissance ne doit pas en faire mention.

Au Sénégal, l'enfant dont la maman est en détention dans une prison peut être laissé auprès de sa mère jusqu'à 3 ans.

À la MAF de Liberté 6 comme à la MAC pour femmes de Rufisque tout comme dans les autres établissements pénitentiaires, les femmes détenues développent aussi des activités socio-éducatives :

- Alphabétisation
- Coiffure
- Formation

Des ONG comme **TOSTAN**, le groupe **ENDA-SANTE**, l'association **Nit Nitay Garabam** de l'Hôpital principal de Dakar entre autres interviennent dans le cadre de la préparation à la réinsertion des femmes détenues en rapport avec les chefs de service socio-éducatif.

*b.3- Les étrangers*

Les détenus étrangers doivent bénéficier de l'ensemble des dispositions dont jouissent les autochtones, ils doivent bénéficier de mesures d'assistance supplémentaire. Le 7e congrès des Nations unies pour la prévention du crime et le traitement des délinquants a émis à cet égard les recommandations suivantes : « *Les contacts des détenus étrangers avec leur famille et avec des associations devraient être facilités en leur procurant tous les aménagements nécessaires pour les visites et la correspondance sous réserve du consentement des détenus. Les organisations humanitaires internationales telles que le Comité international de la Croix-Rouge doivent avoir la possibilité de prêter aide et assistance aux détenus étrangers.* »[3]

Au Sénégal, les détenus étrangers bénéficient du même traitement que les détenus nationaux appartenant à leur catégorie pénale. Certaines représentations diplomatiques comme la France, Le Burkina Faso, le Nigéria, la Guinée et le Mali entre autres prennent souvent la peine de rendre

3 Recueil des règles et normes des Nations unies pour la prévention du crime et la justice pénale : 1992, page 109.

visite à leurs compatriotes incarcérés dans les prisons du Sénégal. À cet égard, des instructions ont toujours été données pour faciliter la visite et aménager un cadre commode de contact.

Cependant les détenus écroués à la suite d'une demande d'extradition émanant d'un gouvernement étranger sont soumis au régime des détenus provisoires.

# CHAPITRE II

## LE PERSONNEL DE L'ADMINISTRATION PÉNITENTIAIRE

L'Administration pénitentiaire est chargée de la surveillance, de la préparation à la réinsertion sociale des détenus, de la gestion et du fonctionnement des établissements pénitentiaires.

Les tâches propres à la surveillance à la gestion et l'administration avaient nécessité la création de trois (03) corps :

– celui des contrôleurs ;

– celui des agents administratifs ;

– et celui des surveillants de prison.

L'orientation pénitentiaire moderne a rendu nécessaire la création d'un corps de cadres supérieurs disposant de l'expertise nécessaire à l'accomplissement de missions de conception et d'exécution d'une politique pénitentiaire adaptée aux objectifs de rééducation, de relèvement moral et de préparation à la réinsertion sociale des détenus. La loi 2006-34 a satisfait à cette exigence en ce qu'elle précise les missions confiées à l'Administration pénitentiaire, réorganise son personnel par la création d'un corps des inspecteurs de l'Administration pénitentiaire et par le changement de l'appellation du surveillant de prison.

Ainsi comme le précise l'article 2 de ladite loi :

« ***Le personnel de l'Administration pénitentiaire est réparti en quatre (04) corps hiérarchisés :***

***– le corps des inspecteurs ;***

***– le corps des contrôleurs ;***

***– le corps des agents administratifs ;***

***– le corps des surveillants de prison. »***

Le décret n° 2007-951 du 07 août 2007 pris en application de la loi 2006-34 indique en son article 10 :

Les quatre (04) corps du cadre des fonctionnaires de l'Administration pénitentiaire, la hiérarchie à laquelle chacun d'eux est rattaché, les modalités de leur recrutement sont déterminés conformément au tableau suivant :

| **Appellation des corps** | **Hiérarchie** | **Recrutement** |
|---|---|---|
| Inspecteurs de l'Administration pénitentiaire | À 1 | Diplôme d'Inspecteur de l'Administration pénitentiaire de l'École nationale de Police |
| Contrôleurs de l'Administration pénitentiaire | B 2 | Diplôme de contrôleur de l'Administration pénitentiaire de l'École nationale de Police |
| Agents administratifs de l'Administration pénitentiaire | B 4 | Diplôme d'agent administratif de l'Administration pénitentiaire de l'École nationale de Police |
| Surveillants de prison de | C 1 | Diplôme de surveillant de prison de l'École nationale de Police |

Comme le précise l'article 9 de la loi 2006-34 :

*« Nul ne peut être nommé dans un des corps constituant le cadre des fonctionnaires de l'Administration pénitentiaire :*

*1°/ – s'il n'est de nationalité sénégalaise ;*

*2°/ – s'il ne jouit de ses droits civiques et s'il n'est de bonne moralité ;*

*3°/ – s'il n'a accompli le service militaire actif, sauf en ce qui concerne le personnel féminin, les inspecteurs, les contrôleurs et les agents administratifs ;*

*4°/ – s'il n'est reconnu indemne de toute affection exigeant un congé de longue durée et s'il ne remplit les conditions physiques exigées par l'exercice de ses fonctions et fixées par décret ;*

*5°/ – s'il n'est âgé de 20 ans au moins et de 30 ans au plus au premier janvier de l'année du concours.* »

## SECTION I : LE CORPS DES INSPECTEURS

### Paragraphe 1 : Conditions d'accès

Les inspecteurs de l'Administration pénitentiaire sont recrutés par voie de concours direct ou professionnel. L'accès au corps est réservé aux candidats qui ont réussi les examens de sortie de l'École nationale de Police, sanctionnés par le diplôme d'inspecteur.

#### *A – Le concours direct*

Il est ouvert aux titulaires d'une maîtrise de l'enseignement supérieur reconnue ou de tout autre diplôme admis en équivalence.

Les candidats doivent être âgés de 20 ans au moins et de 30 ans au plus au 1er janvier de l'année du concours. Ils doivent préalablement s'engager à effectuer au minimum quinze (15) années de service dans l'Administration pénitentiaire sous peine d'être astreints au remboursement des frais de toute nature supportés par l'État au cours de leur scolarité. Pendant leur scolarité d'une durée de deux (02) ans, ils sont assimilés à des inspecteurs stagiaires et perçoivent le traitement y afférent. À l'expiration de leur scolarité et sous réserve d'avoir obtenu le diplôme requis, ils sont nommés inspecteurs stagiaires de l'Administration pénitentiaire.

### *B – Le concours professionnel*

Il est ouvert aux contrôleurs de l'Administration pénitentiaire âgés de 53 ans au plus au 1er janvier de l'année du concours et ayant accompli au moins quatre (04) années de services effectifs dans le corps des contrôleurs.

À l'expiration de leur scolarité d'une durée de deux (02) ans et sous réserve d'avoir obtenu le diplôme requis, ils sont nommés dans le corps des inspecteurs au 1er échelon de la 4e classe.

Pendant leur scolarité, ils sont mis en position de stage et continuent de percevoir la rémunération d'activités correspondant à leur grade.

### Paragraphe 2 : Attributions

Les inspecteurs de l'Administration pénitentiaire sont chargés notamment :

– de tâches de conception ou de direction dans les services centraux ;

– de tâches d'administration et de gestion à la Direction de l'Administration pénitentiaire ;

– de la direction des services régionaux ;

Ils peuvent être désignés pour occuper des postes à l'Inspection des services pénitentiaires et, en cette qualité, être notamment chargés :

– de missions d'enquête auprès de tous les services de l'Administration pénitentiaire ;

– de missions d'études concernant l'organisation et le fonctionnement des services de l'Administration pénitentiaire ;

– de missions de liaison auprès des services de sécurité et des juridictions.

Les inspecteurs de l'Administration pénitentiaire exercent leurs attributions sous l'autorité du directeur de l'Administration pénitentiaire.

## SECTION II : LE CORPS DES CONTRÔLEURS

### Paragraphe 1 : Conditions d'accès

Les contrôleurs de l'Administration pénitentiaire sont recrutés par voie de concours direct ou professionnel.

L'accès au corps est réservé aux candidats qui ont subi avec succès les examens de sortie de l'École nationale de Police, sanctionnés par le diplôme de contrôleur.

#### *A – Le concours direct*

Il est ouvert aux titulaires du baccalauréat ou de tout autre diplôme admis en équivalence. Les candidats doivent être âgés de vingt (20) ans au moins et de trente (30) ans au plus au 1er janvier de l'année du concours. Ils doivent préalablement s'engager à effectuer au minimum quinze (15) années de service dans l'Administration pénitentiaire, sous peine d'être astreints au remboursement des frais de toute nature supportés par l'État au cours de leur scolarité. Pendant leur scolarité d'une durée d'un (01) an, ils sont assimilés à des contrôleurs stagiaires et perçoivent le traitement y afférent. À l'expiration de leur scolarité et sous réserve d'avoir obtenu le diplôme requis, ils sont nommés contrôleurs stagiaires de l'Administration pénitentiaire.

### *B – Le concours professionnel*

Il est ouvert aux agents administratifs de l'Administration pénitentiaire âgés de 53 ans au plus au 1er janvier de l'année du concours et ayant accompli au moins quatre (04) années de services effectifs dans le corps des agents administratifs. À l'expiration de leur scolarité d'une durée d'un (01) an et sous réserve d'avoir obtenu le diplôme requis, ils sont nommés dans le corps des contrôleurs au 1er échelon de la 4e classe. Pendant leur scolarité ils sont mis en position de stage et continuent de percevoir la rémunération d'activités correspondant à leur grade.

### Paragraphe 2 : Attributions

Les contrôleurs de l'Administration pénitentiaire, placés sous l'autorité du directeur et des inspecteurs de l'Administration pénitentiaire, sont notamment chargés :

– d'assister les inspecteurs dans l'exercice de leurs fonctions et de les suppléer le cas échéant ;

– de la direction des établissements pénitentiaires.

Ils peuvent être, en cas de besoin, délégués dans les fonctions normalement dévolues à un inspecteur.

## SECTION III : LE CORPS DES AGENTS ADMINISTRATIFS

### Paragraphe 1 : Conditions d'accès

Les agents administratifs sont recrutés par voie de concours direct ou professionnel. L'accès au corps est réservé aux candidats qui ont subi avec succès les examens de sortie de l'École nationale de Police sanctionnés par le diplôme d'agent administratif.

*A – Le concours direct*

Il est ouvert aux titulaires du Brevet de fin d'études moyennes (B.F.E.M.) ou de tout autre diplôme admis en équivalence. Les candidats doivent être âgés de vingt (20) ans au moins et de trente (30) ans au plus au 1er janvier de l'année du concours. Ils doivent préalablement s'engager à effectuer au minimum quinze (15) années de service dans l'Administration pénitentiaire sous peine d'être astreints au remboursement des frais de toute nature supportés par l'État au cours de leur scolarité. Pendant leur scolarité d'une durée d'un (01) an, ils sont assimilés à des agents administratifs stagiaires et perçoivent le traitement y afférent. À l'expiration de leur scolarité et sous réserve d'avoir obtenu le diplôme requis, ils sont nommés agents administratifs stagiaires de l'Administration pénitentiaire.

*B – Le concours professionnel*

Il est ouvert aux surveillants de prison âgés de 50 ans au plus au 1er janvier de l'année et ayant accompli au moins quatre (04) ans de services effectifs dans l'Administration pénitentiaire. À l'expiration de leur scolarité d'une durée d'un (01) an et sous réserve d'avoir obtenu le diplôme requis, ils sont nommés agents administratifs au 1er échelon de la 2e classe. Pendant leur scolarité, ils sont mis en position de stage et continuent de percevoir la rémunération d'activités correspondant à leur grade.

**Paragraphe 2 : Attributions**

Les agents administratifs de l'Administration pénitentiaire sont notamment chargés, sous l'autorité de leurs chefs hiérarchiques :

– des missions inhérentes à l'administration et à la gestion dans les services centraux et dans les établissements pénitentiaires ;

– d'assister les contrôleurs dans l'exercice de leurs fonctions et de les suppléer le cas échéant.

Ils peuvent être nommés, en cas de besoin, dans les fonctions normalement dévolues aux contrôleurs.

## SECTION IV : LE CORPS DES SURVEILLANTS

### Paragraphe 1 : Conditions d'accès

Les surveillants de prison sont recrutés par voie de concours direct et au titre des emplois réservés. L'accès au corps est réservé aux candidats qui ont subi avec succès les examens de sortie de l'École nationale de Police sanctionnés par le diplôme de surveillant.

A – **Le concours direct**

Il est ouvert aux titulaires du Certificat de fin d'études élémentaires (C.F.E.E.) ou de tout autre diplôme admis en équivalence. Les candidats doivent être âgés de 20 ans au moins et de 30 ans au plus au 1er janvier de l'année du concours. Ils doivent préalablement s'engager à effectuer au minimum quinze (15) années de services dans l'Administration pénitentiaire, sous peine d'être astreints au remboursement des frais de toute nature supportés par l'État au cours de leur scolarité. Pendant leur scolarité d'une durée d'un (01) an, ils sont assimilés à des surveillants stagiaires et perçoivent le traitement y afférent. À l'expiration de leur scolarité d'une durée d'un (01) an et sous réserve d'avoir obtenu le diplôme requis, ils sont nommés surveillants de prison stagiaires de l'Administration pénitentiaire.

### *B – Au titre des emplois réservés*

Le recrutement des surveillants de prison au titre des emplois réservés concerne les candidats qui remplissent les conditions prévues par la réglementation en vigueur. Ils doivent préalablement s'engager à effectuer au minimum quinze (15) années de services dans l'Administration pénitentiaire, sous peine d'être astreints au remboursement des frais de toute nature supportés par l'État au cours de leur scolarité. Durant leur scolarité, ils sont assimilés à des Surveillants stagiaires et perçoivent le traitement y afférent. À l'expiration de leur scolarité d'une durée d'un (01) an et sous réserve d'avoir obtenu le diplôme requis, ils sont nommés surveillants de prison stagiaires de l'Administration pénitentiaire.

### **Paragraphe 2 : Attributions**

Les surveillants de prison sont chargés de la surveillance des détenus, du maintien de la discipline et du bon ordre dans les établissements pénitentiaires et de toutes les tâches qui leur sont confiées par leurs supérieurs hiérarchiques.

# DEUXIÈME PARTIE
# LA VIE EN MILIEU CARCÉRAL

Pour mieux appréhender le système carcéral sénégalais notamment dans sa partie la plus essentielle qui est la vie en prison, il importe de connaître les différentes exigences posées sur le plan international en matière pénitentiaire. Les textes suivants précisent ces exigences :

– la Charte des Nations unies de 1945 ;

– la Déclaration universelle des droits de l'Homme de 1948 ;

– L'ensemble de Règles minima pour le traitement des détenus adopté en 1955 ;

– le Pacte international relatif aux droits économiques, sociaux et culturels de 1976 ;

– le Pacte international relatif aux droits civils et politiques de 1976 ;

– le Code de conduite pour les responsables de l'application des lois de 1979 ;

– la Convention sur l'élimination de toutes les formes de discrimination à l'égard des femmes de septembre 1981 ;

– la Déclaration sur l'élimination de la violence à l'égard des femmes, décembre 1983 ;

– l'ensemble de Règles minima des Nations unies concernant l'administration de la justice pour mineurs (Règles de Beijing) novembre 1985 ;

– la Convention contre la torture et autres peines ou traitements cruels, inhumains ou dégradants de juin 1987 ;

– l'ensemble de principes pour la protection de toutes les personnes soumises à une forme quelconque de détention ou d'emprisonnement adopté en décembre 1988 ;

– les Principes fondamentaux relatifs au traitement des détenus, décembre 1990 ;

– les Principes directeurs des Nations unies pour la prévention de la délinquance juvénile (Principes directeurs de Riyad) décembre 1990 ;

– les Règles des Nations unies pour la protection des mineurs privés de liberté, décembre 1990 ;

– les Règles minima des Nations unies pour l'élaboration des mesures non privatives de liberté (Règles de Tokyo) décembre 1990 ;

– les Principes de base relatifs à l'usage de la force et des armes à feu par les responsables de l'application des lois de 1990 ;

– la Convention relative aux droits de l'enfant de septembre 1991.

Au niveau régional aussi un certain nombre de textes sont relatifs au domaine pénitentiaire. S'agissant de l'Europe, on peut mentionner la Convention européenne des droits de l'homme de septembre 1953. Pour l'Amérique, il y a la Convention américaine relative aux droits de l'homme de juillet 1978, et enfin l'Afrique a sa Charte africaine des droits de la personne et des droits des peuples adoptée en 1981 et entrée en vigueur en 1986.

Le contenu de ces instruments est à la base de l'organisation de tout système pénitentiaire. En résumé, ils stipulent que les détenus doivent être traités en respectant leur dignité humaine eu égard à leurs conditions de détention. Les aspects suivants sont visés : les activités qui relèvent de ce qu'il est convenu d'appeler le fonctionnement proprement dit de l'institution carcérale (Chapitre I) d'une part et d'autre part celles qui relèvent de la préparation du détenu à la réinsertion sociale (Chapitre II).

# CHAPITRE PREMIER

# LE FONCTIONNEMENT DE LA PRISON

Le fonctionnement proprement dit de la prison s'entend essentiellement de l'organisation de la prison (Section I), l'admission du détenu (Section II), les conditions matérielles de vie du détenu (Section III), la discipline et l'ordre (Section IV), la sécurité (Section V), les extractions et les transfèrements (Section VI) et enfin des relations avec l'extérieur (Section VII).

## SECTION I : L'ORGANISATION DE LA PRISON

Au Sénégal, la même organisation est notée dans presque tous les établissements pénitentiaires malgré les différences que l'on peut noter d'un établissement à un autre et qui tiennent essentiellement à la catégorie de détenus qu'il reçoit ou encore à sa capacité d'accueil.

S'agissant des infrastructures, il y a lieu de faire remarquer qu'il existe généralement une distinction entre la cour administrative qui abrite les différents bureaux du personnel et l'aire de détention qui elle, abrite les différentes cellules des détenus ou dortoirs. La détention est elle-même compartimentée en plusieurs quartiers ou secteurs, ceci pour être en phase avec l'exigence posée par les instruments internationaux, lesquels veulent qu'une séparation soit établie entre détenus selon leur catégorie pénale, leur sexe ou encore leur âge. Ainsi on distingue :

– le secteur des prévenus ;

– le secteur des condamnés ;

– le secteur des mineurs ;

– le secteur des femmes.

En réalité, c'est surtout la hiérarchisation entre le directeur de prison, son adjoint, le chef de cour, le greffier en chef, l'infirmier et les surveillants, qui caractérise l'organisation de chaque établissement. Les **articles 112** à **118** du **décret de 2001** définissent le rôle des uns et des autres dans l'établissement.

### Paragraphe 1 : Le directeur

L'administration de l'établissement à la tête duquel il est placé lui incombe. Il est le supérieur hiérarchique de l'ensemble du personnel. À ce titre, tous les agents lui sont subordonnés.

Il veille à l'observation des lois et règlements, à l'exécution correcte des décisions et des mandats de justice, au maintien de l'ordre et de la discipline.

Il détermine le traitement approprié applicable aux détenus. Il s'assure de la bonne garde des détenus et de l'observation stricte des mesures de sécurité. Il est chargé d'assurer la nourriture et l'entretien des détenus.

Le directeur est l'administrateur des crédits et des matières. Il est nommé à ce titre par un arrêté du ministre de l'Économie, des Finances et du Plan. Un arrêté provisoire peut être pris par le gouverneur de région, en attendant celui du ministre.

Dans le cadre de la gestion financière, il signe les contrats liant l'administration aux fournisseurs après les formalités réglementaires (appel d'offres, demandes de renseignement et de prix, etc.). Il gère les pécules et sommes d'argent mises en dépôt par les détenus.

**Paragraphe 2 : L'adjoint au directeur**

L'adjoint est chargé, sous l'autorité du directeur :

– de veiller au contrôle strict des effectifs, des personnels et de la population pénale ainsi qu'à l'exécution correcte et immédiate des ordres reçus dans le cadre du service ;

– de s'assurer quotidiennement du déroulement normal du service de gardiennage ;

– de l'organisation de la main d'œuvre pénitentiaire.

En cas d'absence du directeur, il assure l'expédition des affaires courantes.

**Paragraphe 3 : Le greffier en chef**

Il est chargé, sous le contrôle du directeur, de la tenue des registres et écritures se rapportant à la section judiciaire. Il suit la situation pénale des détenus, en liaison avec les autorités judiciaires, à charge pour lui d'en rendre compte au directeur.

Il initie et instruit les dossiers de grâce et de libération conditionnelle qu'il soumet à la signature du directeur. Il fait exécuter les ordres d'extraction, sur instruction du directeur.

Il mène l'enquête sur la population carcérale, établit les certificats d'élargissement, les certificats d'expiration de peine et les avis de libération qu'il soumet à la signature du directeur.

Il est secondé dans sa tâche par un ou deux greffiers, suivant l'importance de l'établissement pénitentiaire.

En plus du registre d'écrou, le greffier en chef est chargé de la tenue des registres ci-après :

– répertoire alphabétique des écroués ;

– registre des déclarations d'appel et de pourvoi ;

– registre des libérations effectuées mensuellement ;

– registre des libérations conditionnelles ;

– registre des contrôles numérique et nominatif ;

– registre des punitions et récompenses ;

– registre des entrées et sorties ;

– registre des détenus placés à l'extérieur ou admis au régime de semi-liberté et des permissions de sortie ;

– registre de décès ;

– registre des objets de valeur ;

### Paragraphe 4 : Le chef de cour

Le chef de cour est chargé de la bonne exécution des ordres qui lui sont donnés, de l'hygiène et de la propreté. Il veille au respect de la discipline et de l'emploi du temps.

Il programme les différentes corvées d'entretien qu'il tient dans un registre ouvert à cet effet. Il tient le registre des punitions et récompenses et met à jour les listes d'appel. Il enregistre les demandes d'audience des détenus adressées au directeur et aux autorités judiciaires. Il soumet les correspondances des détenus à la censure.

### Paragraphe 5 : Le comptable des matières

Le comptable des matières est chargé, sous l'autorité du directeur :

– de la bonne tenue des registres et écritures comptables de l'établissement ;

– de la bonne tenue des fiches et registres se rapportant à la gestion du pécule des détenus ainsi que de celle des dépôts d'argent ou d'objets de valeur ;

– de la gestion du magasin des vivres dont il doit justifier chaque fois les entrées et sorties.

Le comptable des matières est nommé par le ministre de l'Économie, des Finances et du Plan dont il est le représentant dans ce domaine, sur proposition du directeur, en sa qualité d'administrateur des crédits et des matières.

Le comptable des matières assume en cette qualité une responsabilité exclusive qui ne souffre d'aucun partage. Cette responsabilité implique des sanctions administratives, civiles et pénales en cas de fautes, nonobstant celles de la Cour de discipline budgétaire.

**Paragraphe 6 : L'infirmier-major**

Il est chargé de la consultation et du traitement des détenus. Il les conduit aux consultations externes dans les formations sanitaires ou les hôpitaux. Il assure les soins prescrits par le médecin traitant et administre les médicaments ordonnés à cet effet.

Il veille à l'hygiène et à la propreté dans les différents secteurs, dans les dortoirs et dans les cellules.

Il programme les séances de désinfection, en liaison avec le service d'hygiène. Il procède à la visite systématique des détenus nouvellement incarcérés.

**Paragraphe 7 : Le secrétaire**

Le secrétaire est chargé de l'enregistrement du courrier, du classement des archives et de la bonne tenue des registres s'y rapportant. Il assure la frappe et l'expédition du courrier, prépare le rapport mensuel d'activités.

**Paragraphe 8 : Le chef de brigade**

Le chef de brigade supervise le service de gardiennage et veille à l'exécution correcte des consignes données dans le cadre de la surveillance et de la discipline interne de l'établissement.

Il programme les tours de faction des sentinelles et procède à leur relève. Il s'assure autant de fois qu'il est nécessaire qu'elles sont à leurs postes.

Il organise les mouvements quotidiens des détenus et désigne les agents d'escorte en cas d'extraction, de consultation à l'hôpital ou en cas de corvées extérieures.

Il est chargé de la bonne tenue de la main courante, du contrôle des entrées et des sorties des détenus, du personnel et des visiteurs. Il supervise les visites et tient le registre ouvert à cet effet.

### Paragraphe 9 : Les portiers

#### *A – Le portier de l'entrée principale*

Il est chargé de garder le portail, d'accueillir les personnes mises sous mandat de dépôt ou d'arrêt et les visiteurs. Il contrôle les permis de communiquer et les pièces d'identité à l'occasion des visites et les entrées et sorties des véhicules de service.

Il veille à ce qu'aucun détenu ne s'arrête dans le sas d'entrée et aux abords, au moment de l'ouverture du portail.

#### *B – Le portier de la détention*

Il a pour tâches de contrôler les entrées et sorties des détenus de la détention, d'assurer la censure des plats venant de l'extérieur ou de l'intérieur de l'établissement. Il établit la liste des détenus malades devant se présenter à la consultation.

### Paragraphe 10 : Les sentinelles

Les sentinelles assurent leurs factions aux miradors si l'établissement en dispose ou dans les secteurs. Ceux qui sont aux miradors veillent à ce qu'aucun détenu ne circule dans le chemin de ronde.

Les sentinelles en faction dans les secteurs procèdent aux appels dans les dortoirs aux horaires fixés. Elles procèdent également aux contrôles numériques et nominatifs des détenus à la prise et à la fin du service. Elles rendent compte sans délai de tout événement survenu dans la détention.

Pendant le service de nuit, elles organisent des rondes pour s'assurer que les portes des dortoirs sont bien fermées. Elles vérifient les barreaux des fenêtres. Elles font observer les règles de discipline dans la détention.

## SECTION II : L'ADMISSION DU DÉTENU

Les individus placés sous mandat de dépôt, sous mandat d'arrêt ou faisant l'objet d'une contrainte par corps sont conduits à l'établissement pénitentiaire dans le ressort de la juridiction compétente.

En vertu de l'article 695 du Code de procédure pénale, nul agent de l'Administration pénitentiaire ne peut, sous peine d'être poursuivi et puni comme coupable de détention arbitraire, recevoir ni retenir aucune personne qu'en vertu d'un arrêt ou d'un jugement de condamnation, d'une ordonnance de prise de corps, d'un mandat de dépôt ou d'arrêt, d'un mandat d'amener lorsque ce mandat doit être suivi d'incarcération provisoire, ou d'un ordre d'arrestation établi conformément à la loi et sans que l'inscription sur le registre d'écrou prévu à l'article 694 ait été faite.

### Paragraphe 1 : La fouille et l'écrou

Les détenus sont soumis à une fouille corporelle et à celle des vêtements au poste de police, avant leur admission dans l'établissement. Cette fouille est également obligatoire pour les détenus faisant l'objet d'un transfèrement administratif ou judiciaire.

Les sommes d'argent dont ils sont trouvés porteurs sont remises au directeur qui les met en dépôt après leur inscription au livre journal ouvert à cet effet. Le comptable établit ensuite des fiches individuelles de pécule où sont enregistrés les montants des sommes saisies avec l'émargement des intéressés.

Les objets de valeur qui ne peuvent être laissés en leur possession sont pris en compte par le comptable des matières qui les inscrit dans un registre ouvert à cet effet pour le compte des intéressés, à charge de les restituer à leur libération.

Chaque détenu est tenu d'émarger ce registre au moment du dépôt, du retrait et de la restitution des objets en guise de reconnaissance de la réalité des opérations.

Les bijoux, les valeurs, notamment les livrets de caisse d'épargne et de pension, les chèques ou chéquiers et autres titres ainsi que les pièces d'identité peuvent être rendus à la famille du détenu sur sa demande, après condamnation définitive, sauf décision contraire de l'autorité judiciaire.

La personne désignée par le détenu émarge le registre au moment de la remise des bijoux ou objets de valeur. En cas de transfèrement, les objets ou les sommes appartenant au détenu l'accompagnent au lieu de sa nouvelle incarcération.

Le détenu conserve la gestion de ses biens patrimoniaux extérieurs, dans la limite de sa capacité civile. Toutefois, cette gestion ne peut s'effectuer que par mandataire. Celui-ci doit être étranger à l'Administration pénitentiaire.

Après la fouille, le greffier en chef procède à l'écrou des détenus dans les différents registres suivant la qualité de chacun (registre d'écrou, registre de contraignable, registre des mineurs, registre des passagers). Il procède à la vérification de la filiation du détenu en confrontant les renseignements fournis sur place par ce dernier avec ceux contenus dans le mandat d'incarcération. Le greffier établit la fiche d'écrou sur laquelle il reporte le numéro d'écrou, la date d'incarcération, la nature de l'infraction ainsi que le signalement complet du détenu et prend les empreintes décadactylaires de celui-ci. Le greffier porte enfin le numéro d'écrou et la date de prise en charge du détenu sur le mandat d'incarcération qu'il soumet à la signature du directeur. Le mandat est retourné au magistrat chargé de l'information pour attester que le détenu a été bien incarcéré.

Après les formalités au greffe, le détenu est reçu par l'infirmier-major de la prison.

### Paragraphe 2 : L'infirmerie

Le détenu est présenté à l'infirmier-major de l'établissement qui effectue un diagnostic et un bilan sur l'état de santé du détenu pour s'assurer qu'il n'est pas porteur de sévices corporels ou qu'il n'est pas atteint d'une maladie contagieuse. Il note le résultat du diagnostic sur le registre de consultation et lui prescrit un traitement si nécessaire.

Pour tout ce qui dépasse sa compétence dans ce domaine, il rend compte au médecin-chef du service médico-social de l'Administration pénitentiaire qui décidera de la conduite à tenir.

### Paragraphe 3 : L'information du détenu

Avant leur affectation dans les locaux, les détenus doivent être informés au sujet du régime de leurs catégories. Un accent tout particulier doit être mis sur les règles de discipline et d'hygiène, sur leurs possibilités de communiquer avec leurs familles et leurs défenseurs et sur les points qu'il leur est nécessaire de connaître sur leurs droits et leurs obligations aux efforts éducatifs, à la formation professionnelle, aux activités culturelles et au traitement.

À cette fin, le personnel de gardiennage doit faire preuve de tact pour convaincre les arrivants, en leur prodiguant des conseils et en les écoutant attentivement. Ils doivent rendre compte aux supérieurs hiérarchiques des questions dépassant leur compétence.

## SECTION III : LES CONDITIONS MATÉRIELLES DE VIE DU DÉTENU

### Paragraphe 1 : L'hygiène et la santé

#### *A – L'hygiène*

La propreté corporelle est exigée de tous les détenus. Ils doivent faire leur toilette à chaque réveil et se laver une fois dans la journée. L'entretien et la coupe des cheveux sont obligatoires. Des produits de première nécessité comme le savon leur sont distribués périodiquement. Ils peuvent se procurer à leurs frais les articles courants de toilette et d'hygiène dont ils auraient besoin. Tous les détenus employés à des corvées ou placés à l'extérieur doivent obligatoirement se laver après le travail.

Les vêtements et sous-vêtements laissés ou dotés aux détenus doivent être propres et maintenus en bon état par eux. Ils disposent pour ce faire de temps libre les dimanches et jours fériés. Les détenus sont tenus d'entretenir les cellules et les dortoirs dans un état constant de propreté et y maintenir en bon ordre les objets laissés ou mis à leur disposition. Cette corvée est effectuée chaque matin au réveil.

Les ateliers, les locaux à usage commun, les cours et couloirs ainsi que les abords de l'établissement sont nettoyés chaque jour par les détenus provisoires ou les condamnés, aux heures de travail. Les détenus affectés au service administratif et médico-social ont la charge de nettoyer ces lieux tous les jours.

#### *B – La santé*

Pour éviter des crispations musculaires nuisibles à la santé, une promenade est organisée tous les jours au profit des détenus. Elle dure deux heures le matin et deux heures l'après-midi. Le temps de promenade peut être augmenté par le directeur de l'établissement pénitentiaire lorsque les conditions climatiques le favorisent comme il peut le réduire lorsque les conditions de sécurité ne sont pas réunies.

Un infirmier-major est désigné auprès de chaque établissement pénitentiaire pour assurer la santé physique et mentale des détenus.

À leur arrivée, les détenus sont soumis à un examen médical destiné à déceler toute affection de nature contagieuse ou évolutive. Le détenu peut à tout moment demander assistance auprès du service médical de la prison pour recevoir des soins médicaux adéquats. L'admission à l'infirmerie de l'établissement est décidée par l'infirmier-major. L'hospitalisation relève du médecin traitant.

Les détenus malades bénéficient gratuitement des soins qui leur sont prodigués ainsi que de la fourniture des produits pharmaceutiques dûment ordonnés par le médecin traitant. La gratuité des soins s'étend à tous les examens ou traitements de spécialistes que requiert l'état de santé des détenus, à l'exception des prothèses et des verres de correction.

La prophylaxie de la tuberculose et de toutes les maladies contagieuses et transmissibles est organisée dans les établissements pénitentiaires, conformément aux réglementations générales applicables en la matière. Lorsque l'établissement pénitentiaire dispose d'assez d'espace, des séances d'exercices physiques et des jeux au ballon sont organisés au profit des détenus.

Les femmes peuvent faire l'objet d'une visite médicale périodique auprès d'un gynécologue. En cas de refus, il en est fait mention dans le registre de consultation.

Les soins prescrits et les médicaments ordonnés ne peuvent être administrés que par le médecin traitant, l'infirmier-major ou son aide. Il est interdit aux détenus de conserver des médicaments.

### Paragraphe 2 : L'alimentation

Le régime alimentaire du détenu au Sénégal comporte trois (3) repas par jour, et l'allocation journalière est calculée en fonction du budget alloué à l'Administration pénitentiaire. La cuisson des repas est assurée par les détenus. Le menu peut être amélioré par le directeur de prison grâce aux produits provenant du jardin potager créé à cet effet.

Le détenu a la faculté de renoncer au repas de l'établissement et de faire venir de l'extérieur des aliments nécessaires à sa nourriture à condition que ces aliments puissent être consommés sans cuisson nouvelle. Les plats venant de l'extérieur doivent être étiquetés, enregistrés, puis censurés.

Le détenu militaire est soumis au même régime alimentaire que les autres détenus.

Indépendamment des périmètres ou exploitations agricoles, chaque directeur de prison est tenu d'aménager dans la mesure du possible un jardin potager destiné à l'amélioration du menu quotidien des détenus. L'entretien de ce jardin incombe aux détenus.

## SECTION IV : L'ORDRE ET LA DISCIPLINE

L'ordre et la discipline doivent être maintenus avec fermeté, mais sans apporter plus de contraintes qu'il n'est nécessaire pour le maintien de la sécurité et la bonne organisation de la vie en collectivité.

Le détenu doit obéissance aux fonctionnaires ou agents ayant autorité dans la prison, en tout ce qu'ils lui prescrivent pour l'exécution des règlements.

Le personnel de l'établissement pénitentiaire ne peut employer la force envers un détenu qu'en cas de résistance par la violence ou refus d'obéissance aux ordres donnés.

Des menottes, camisoles de force et éventuellement des entraves sont employées par mesure de précaution contre les évasions seulement pendant les transfèrements ou extractions. Elles ne sont utilisées à l'intérieur de la détention qu'en cas de fureur ou de violence grave et s'il n'est pas d'autres moyens de maîtriser un détenu, de l'empêcher de causer des dommages ou de porter atteinte à lui-même ou à autrui. Elles ne sauraient être appliquées à titre de punition.

Conformément à la loi, il peut être fait usage des armes en cas de légitime défense et en cas d'évasion ou de tentative d'évasion d'un ou plusieurs détenus ou en cas de mutinerie.

Il est interdit au détenu :

– tout acte individuel ou collectif de nature à troubler le bon ordre ;

– toute communication clandestine ou en langage conventionnel ;

– toute introduction d'arme, d'instrument dangereux notamment les rasoirs et les couteaux ;

– l'introduction de boissons alcoolisées ou des matières inflammables.

Peuvent être autorisés par le directeur de la prison les chants religieux ou choraux pendant les heures de promenade ou à une cérémonie spécifique.

La plus grande tranquillité doit régner dans les dortoirs. Les différents mouvements de la journée se font dans le calme et en ordre. Les détenus ne doivent pas fumer dans les chambres.

Les détenus qui font l'objet d'une mesure d'isolement sont soumis au régime ordinaire de détention.

L'isolement peut être une mesure judiciaire et à ce titre demandé par le juge d'instruction pour une durée de dix (10) jours, mais en aucun cas l'interdiction de communiquer ne saurait s'appliquer au conseil de l'inculpé.

L'isolement peut aussi être une mesure administrative appliquée strictement pour des raisons de précaution ou de sécurité :

– soit le détenu est l'objet de menace, d'agression par exemple ;

– soit le détenu est à l'origine de la menace, d'agression, d'évasion, de mouvement collectif.

L'isolement peut enfin être une mesure médicale.

Le détenu est autorisé à détenir un poste récepteur à piles, qu'il peut écouter jusqu'à l'extinction des lumières sauf s'il dispose d'écouteurs.

En définitive, pour faire régner l'ordre et la discipline dans l'établissement, il est prévu à la fois des punitions (Paragraphe 1) et des récompenses (Paragraphe 2), mais aussi une procédure de plainte et de réclamation (Paragraphe 3).

**Paragraphe 1 : Les punitions**

Si un détenu use de menaces ou de violence, soit à l'égard du directeur de prison ou de ses agents, soit à l'égard des autres détenus, s'il refuse de se conformer aux prescriptions en vue du maintien du bon ordre, il est passible de sanctions disciplinaires, sans préjudice, s'il y a lieu des sanctions prévues par le Code pénal.

Les sanctions disciplinaires ci-après peuvent être infligées aux détenus :

| Nature de sanction | Directeur de prison | Directeur de l'Administration pénitentiaire |
|---|---|---|
| Réprimande | | – |
| Suppression de promenade | 08 jours au plus | – |
| Privation de toute correspondance | 02 semaines au plus | – |
| Suppression de l'usage du pécule | 08 jours | 01 mois |
| Mise en cellule punitive | 08 jours | 01 mois |
| Suppression des visites | 10 jours | 01 mois |

Le détenu doit avoir été préalablement informé de l'infraction relevée contre lui et mis en mesure de présenter ses explications.

La mise en cellule punitive ne peut être décidée que par le Directeur de la prison et par écrit, sauf en cas d'urgence où l'auteur d'une infraction y est conduit immédiatement, à titre provisoire en attendant la décision à intervenir, ainsi qu'en cas d'évasion, de rébellion, de coups et blessures sur la personne d'autrui.

Le directeur de l'Administration pénitentiaire, l'inspecteur régional, le juge de l'application des peines, le juge d'instruction ou le procureur de la République sont avisés de toutes les sanctions disciplinaires prises à l'égard d'un détenu, et mention doit être portée dans le registre des punitions et récompenses.

### Paragraphe 2 : Les récompenses

Les récompenses qui peuvent être accordées aux détenus par le chef d'établissement dans la mesure où elles sont compatibles avec leur situation sont les suivantes :

– autorisation d'acheter ou de recevoir de l'extérieur des livres ou fournitures servant aux études ou à des petits travaux personnels ;

– autorisation d'entreprendre pour son propre compte de petits travaux à l'intérieur du dortoir ;

– autorisation de recevoir une visite supplémentaire par semaine dans un parloir ne comportant pas de dispositif de séparation.

### Paragraphe 3 : Les plaintes, réclamations et voies de recours

Il est prévu une procédure de plainte, dont un formulaire est à la disposition du détenu au greffe ou au bureau du chef de cour. Toutes les réclamations ou demandes doivent être introduites en premier lieu auprès du directeur de l'établissement pénitentiaire.

Tout détenu peut remettre au directeur de l'établissement des plis et correspondances destinés aux autorités administratives ou judiciaires. Aucun retard ne sera apporté dans l'envoi de ces correspondances.

Cependant, les pétitions et réclamations collectives sont interdites.

Les détenus peuvent exercer un recours auprès du juge de l'application des peines en vertu des pouvoirs que lui confèrent ses attributions dites « carcérales » : pouvoir de contrôle, pouvoir d'être avisé et de donner des avis et pouvoir de décision.

## SECTION V : LA SÉCURITÉ

Dans un établissement pénitentiaire, on parle de sécurité périmétrique (Paragraphe 1) et de sécurité intérieure (Paragraphe 2).

### Paragraphe 1 : La sécurité périmétrique

Elle est assurée par une série d'obstacles physiques qui ont pour fonctions principales :

– de retarder ;

– de limiter l'ampleur des actions d'évasion ou d'intrusion ;

– de donner du temps au personnel pour une intervention adaptée.

De même, l'architecture des établissements participe de leur protection.

Les murs d'enceinte constituent des barrières qui délimitent le périmètre de sécurité. Ils matérialisent la séparation entre l'extérieur et l'intérieur de l'établissement.

Les miradors sont un élément essentiel des dispositifs de sécurité extérieure et intérieure des établissements. Ils ont pour fonction de permettre :

– la surveillance des murs d'enceinte extérieure, le chemin de ronde, l'enceinte interne, surtout les zones sensibles de l'établissement ;

– la surveillance des abords de l'établissement afin de déceler les préparatifs d'attaque ou de manifestation ;

– d'alerter en temps utile le poste de police en cas d'incident ;

– de faire usage des armes en cas de tentative d'évasion ou d'intrusion.

Le chemin de ronde participe de la sécurité périmétrique de l'établissement, car il constitue un espace entre les murs intérieurs et les murs d'enceinte. Il doit être surveillé en permanence notamment à partir des miradors. Il doit être tenu dégagé de tout encombrement de tout genre.

Enfin la porte principale joue un rôle primordial dans la sécurité périmétrique de l'établissement. À cet effet, une vigilance permanente est requise de la part de l'agent portier.

Pour synthétiser, on peut retenir que l'important, dans un établissement pénitentiaire, est d'assurer globalement un niveau de sécurité suffisant pour assurer la prévention et le cas échéant, la riposte vis-à-vis d'un certain nombre d'actions. Cette exigence de sécurité concerne également l'intérieur de la détention.

### Paragraphe 2 : La sécurité intérieure

La vie intérieure d'un établissement pénitentiaire repose sur la sécurité. Elle vise autant les moyens matériels (A) que les pratiques professionnelles (B) qui y sont développées.

#### *A – Les moyens matériels*

**Le portique de détection** : les établissements pénitentiaires n'en sont pas encore dotés au Sénégal. En France par exemple, le passage sous ce portique est obligatoire pour toute personne entrant dans l'établissement. En cas de signal, le portier invite l'intéressé à se débarrasser de toute masse métallique.

À défaut de portique, il est fait usage d'un **détecteur manuel.**

**Les armes et les munitions** doivent être déposées en un lieu à la fois hors de la portée des détenus et très accessible au personnel. Il faut préciser que l'usage des armes doit se limiter à l'impossibilité d'user d'autres moyens parce que la sécurité doit s'équilibrer avec le respect de la dignité humaine.

La sécurité des personnels, des détenus et de la société exige qu'en cas d'incident grave, l'alerte soit rapidement déclenchée afin que la riposte soit immédiate. Les moyens d'alarme peuvent être variés : sifflet, téléphone, sirène, etc.

Au-delà des moyens matériels, la sécurité repose sur les pratiques professionnelles.

### *B – Les pratiques sécuritaires*

Elles impliquent l'acquisition par les agents de gestes au quotidien :

– La surveillance des locaux et des cours : le surveillant doit veiller au bon déroulement des différentes activités, au maintien de l'ordre. La sécurité interne implique que les locaux soient dégagés afin qu'un contrôle visuel puisse être opéré à tout moment. La surveillance ne doit pas être compromise par un encombrement ou un obstacle à la visibilité. Les cours de promenade et les terrains de sport doivent être vérifiés avant et après chaque mouvement. La nuit, des rondes doivent être effectuées.

– Les fouilles

Tout détenu sera fouillé à son entrée dans la prison et à chaque fois qu'il en est extrait pour être conduit à l'instruction ou à l'audience et ramené à la prison. Il peut être également fouillé au cours de sa détention aussi souvent que le directeur de la prison le jugera nécessaire.

Les agents qui procèdent à la fouille ne doivent pas, perdre de vue que celle-ci, en plus de la mesure de sécurité qu'elle constitue, est une épreuve humiliante pour le détenu. Ils doivent, pour se faire, agir avec une parfaite correction. La fouille est obligatoirement effectuée par des agents du même sexe que le détenu.

Lorsque la fouille est organisée dans les cellules ou dortoirs, elle doit se faire en présence d'un représentant des détenus.

Les documents découverts à la suite d'une fouille et paraissant offrir un intérêt pour une information en cours sont remis au juge d'instruction ou au procureur de la République, lesquels décident, s'il y a lieu, de les saisir ou de les rendre au détenu.

Il faut ici préciser que si les fouilles contribuent au maintien de la sécurité, elles doivent néanmoins être exercées dans le respect de la dignité humaine. On distingue différentes formes de fouille :

– La fouille intégrale : elle doit être pratiquée lors de toute entrée ou sortie de l'établissement. Les détenus particulièrement dangereux peuvent être soumis à des fouilles intégrales inopinées.

– La fouille par palpation : obligatoire pour tout détenu qui se rend ou qui vient du parloir.

– La fouille des locaux : c'est une mesure essentielle pour éviter les évasions en les prévenant. Elle doit être imprévue, mais fréquente.

– Le sondage des barreaux doit se faire quotidiennement à des heures différentes.

– L'inventaire des outils et différents matériels utilisés dans le cadre des activités doit être dressé avant le retour en détention.

– La tenue des différents registres contribue également à assurer la sécurité de l'établissement en ce qu'elle permet un contrôle écrit des activités de la vie quotidienne d'une détention.

## SECTION VI : LES EXTRACTIONS ET LES TRANSFÈREMENTS

Aucun transfèrement ou extraction ne peut être opéré sans un ordre écrit que délivre l'autorité compétente et qui est présenté à l'établissement de détention pour y être conservé en original ou en copie certifiée conforme. Le directeur de la prison doit vérifier avec soin et au besoin auprès du signataire indiqué, l'authenticité de ce document.

### Paragraphe 1 : Les extractions

L'extraction consiste à conduire sous surveillance un détenu :

□ Soit pour comparaître en justice.

□ Soit pour accomplir un acte jugé nécessaire ne pouvant s'exécuter dans un établissement pénitentiaire.

Cette opération s'effectue sans levée d'écrou. Sauf en cas d'hospitalisation, la réintégration a lieu le jour même.

Il convient de distinguer l'extraction administrative de l'extraction judiciaire.

#### *A – L'extraction administrative*

Il arrive que l'affection dont souffre un détenu ne puisse être réglée par l'infirmier de l'établissement pénitentiaire. Cette situation entraîne :

□ Soit une consultation dans un hôpital ou chez les spécialistes.

□ Soit une admission dans le service hospitalier le plus proche

Il est important de préciser que les détenus admis à l'hôpital sont considérés comme continuant à subir leur peine.

L'extraction administrative peut également concerner la conduite des détenus (sous surveillance) pour aller effectuer une corvée à l'extérieur de l'établissement pénitentiaire ou pour aller accomplir un acte reconnu nécessaire, ne pouvant s'effectuer dans la prison (circonstance familiale).

L'escorte en cas d'extraction administrative est de la responsabilité de l'Administration pénitentiaire.

### *B – L'extraction judiciaire*

Elle a lieu :

□ Soit pour faire comparaître un détenu devant un juge d'instruction.

□ Soit pour faire comparaître un détenu devant une juridiction de jugement.

□ Soit pour permettre à des fonctionnaires de la police judiciaire d'agir dans le cadre de leur enquête.

L'escorte des détenus faisant l'objet d'une extraction judiciaire doit en principe être assurée par la police ou la gendarmerie. Mais dans la pratique, elle est presque toujours assurée par l'Administration pénitentiaire.

## Paragraphe 2 : Les transfèrements

Le transfèrement consiste dans la conduite d'un ou de plusieurs détenus, sous surveillance étroite, d'un établissement pénitentiaire à un autre. Cette opération contrairement à l'extraction, comporte la radiation de l'écrou à l'établissement de départ et la création d'un nouvel écrou à l'établissement de destination sans que la détention subie ne soit pour autant considérée comme interrompue.

### *A – Le transfèrement administratif*

Le transfèrement administratif est ordonné par le directeur de l'Administration pénitentiaire exclusivement dans les cas ci-après :

– pour remédier au surpeuplement d'un établissement pénitentiaire ;

– pour une meilleure répartition des détenus suivant les possibilités du travail pénitentiaire ;

– pour envoyer un ou plusieurs détenus dans un établissement qui présente plus de sécurité ;

– pour l'application du régime progressif dans un établissement approprié (camp pénal) ;

– pour l'hospitalisation des détenus atteints de maladie grave, dans un centre sanitaire spécialisé ;

Les transfèrements administratifs sont assurés par l'Administration pénitentiaire qui prend en charge les dépenses qui en découlent.

### *B – Le transfèrement judiciaire*

Le transfèrement judiciaire est toujours ordonné par le magistrat compétent, dans le cadre d'une commission rogatoire ou pour une expertise médicale demandée auprès d'un médecin spécialiste qui réside hors de la juridiction où l'individu a été incarcéré. Il peut concerner un condamné lorsque ce dernier doit être mis à la disposition d'une autre juridiction que celle du ressort de laquelle il se trouve, pour être poursuivi d'une nouvelle ou ancienne infraction ou pour être entendu comme témoin.

La translation des extradés est assimilée au transfèrement judiciaire.

Les transfèrements judiciaires sont assurés par la gendarmerie.

Les frais des opérations de transfèrement des détenus provisoires et des accusés ordonnées sur réquisition de l'autorité judiciaire sont imputables au budget du ministère de la Justice.

## SECTION VI : LES RELATIONS AVEC L'EXTÉRIEUR

La mise à l'écart du détenu est pour ainsi dire le principe dominant de la prison. Des considérations pratiques et humanitaires militent cependant contre une telle exclusion. Le principe que les détenus conservent dans certaines limites leurs libertés est en effet lié à l'idée qu'à l'expiration de leur peine, les détenus réintègrent en général la société et doivent y retrouver leur place de citoyens. Aussi, le maintien des contacts avec l'extérieur constitue-t-il un facteur de resocialisation du détenu notamment à travers la correspondance (Paragraphe 1), la visite (Paragraphe 2) et l'information (Paragraphe 3).

### Paragraphe 1 : La correspondance

Les détenus ont la faculté d'écrire tous les jours avant l'extinction des lumières et sans limitation, à toute personne sauf dérogation dans le cas où le magistrat chargé de l'information en décide autrement lorsqu'il s'agit d'un détenu provisoire ou sauf le cas où le détenu provisoire ou condamné subit une sanction entraînant la suppression de correspondance.

Les lettres destinées aux détenus ou expédiées par eux doivent être lisibles et ne comporter aucun signe ou caractère conventionnel. Elles ne doivent traiter que des sujets relatifs aux affaires de famille ou aux intérêts privés qui concernent personnellement les correspondants. Elles ne doivent comporter aucune mention d'ordre politique et ne rien contenir de contraire à la morale et aux bonnes mœurs.

Les correspondances des détenus sont soumises à la censure au départ comme à l'arrivée, à l'exception de celles à destination ou en provenance des défenseurs et des assistants sociaux. Les lettres écrites par les détenus sont remises ouvertes au chef de cour puis à l'adjoint au directeur une fois par jour. Dans le cas où elles ne respectent pas les consignes citées ci-dessus, elles sont retournées à l'expéditeur ou saisies s'il y a lieu.

Ceux parmi les détenus qui seraient tentés de soustraire leurs correspondances aux formalités de censure s'exposent à une sanction disciplinaire, sans préjudice des poursuites judiciaires prévues à l'article 217 du Code pénal[4]. La sortie ou tentative de sortie irrégulière des sommes d'argent, correspondances ou objets quelconques sera punie des mêmes peines. Les actes visés ci-dessus seront considérés comme accomplis dans des conditions irrégulières s'ils ont été commis en violation d'un règlement émanant de la Direction de l'Administration pénitentiaire ou approuvé par elle. Si le coupable est l'une des personnes désignées à l'article 208 du Code pénal ou une personne habilitée par ses fonctions à approcher à quelque titre que ce soit les détenus, la peine à son égard sera un emprisonnement de six (06) mois à deux (02) ans.

Toujours dans le cadre de la correspondance, le détenu peut, à ses frais, téléphoner à partir d'un appareil fixe installé à cet effet durant les heures de promenade.

4 « sans préjudice de l'application, le cas échéant, des peines plus fortes portées aux articles 215 et 216, sera puni d'un emprisonnement d'un à six mois quiconque aura dans des conditions irrégulières, remis ou fait parvenir ou tenté de remettre ou de faire parvenir à un détenu, en quelque lieu que ce soit, des sommes d'argent, correspondances ou objets quelconques. »

Les conversations téléphoniques ne seront pas enregistrées, mais seront mises sur écoute et pour des raisons de sécurité ou à la demande des autorités judiciaires des restrictions peuvent être imposées.

## Paragraphe 2 : Les visites

Elles peuvent concerner la famille (A), les avocats (*B*) et d'autres personnes (*C*)

### *A – Les visites de la famille*

La préparation à la libération est un long processus qui commence dès le début de la peine. Le maintien des liens familiaux constitue une donnée essentielle pour la future réinsertion des détenus. La meilleure chance de resocialisation dépend en effet d'une préparation soigneuse et d'une continuité dans les contacts avec la famille. La libération est une expérience heureuse, mais souvent traumatisante pour le détenu et pour sa famille : les personnes peuvent changer dans l'intervalle de la durée de l'emprisonnement, les places occupées par chacun dans l'univers familial peuvent se modifier, les relations interpersonnelles peuvent évoluer.

Le maintien des relations pendant tout le temps de l'emprisonnement permet d'aborder ces évolutions et ces ruptures éventuelles avec plus de sérénité. Il convient de garder à l'esprit que non seulement la famille ne doit pas être frappée par la sanction prononcée contre l'individu incarcéré, mais encore que le maintien des liens familiaux est une donnée essentielle pour le retour dans de bonnes conditions à la société libre. Par ailleurs, préserver le contact entre le détenu et sa famille peut constituer un élément essentiel du maintien des conditions de détention correcte.

Cela non seulement pour des raisons psychologiques, mais aussi parce que la famille peut apporter un soutien matériel souvent vital aux détenus.

Les visites aux détenus provisoires et aux condamnés doivent avoir lieu au parloir. Tout visiteur doit présenter un permis de communiquer portant la signature et le sceau du magistrat chargé de l'information lorsqu'il s'agit d'un détenu provisoire. Les permis de communiquer pour les condamnés sont délivrés par le juge de l'application des peines.

L'accès au parloir n'est possible pour les visiteurs que lorsqu'ils présentent une pièce d'identité accompagnée du permis de communiquer régulièrement délivré. Dérogation est faite aux enfants mineurs accompagnés par des adultes titulaires de permis de communiquer. Les pièces d'identité des visiteurs sont retenues au poste de police pour être restituées après la visite.

Les visites ont lieu en principe les dimanches, mercredis et jours fériés suivant les horaires fixés par le directeur en fonction de l'emploi du temps établi dans l'établissement. Celles-ci ne peuvent avoir lieu ni avant 8 heures ni entre 13 heures et 14 heures 30 minutes, ni après 18 heures. Les détenus malades peuvent recevoir leurs visites au lieu de leur hospitalisation.

Les visites ont lieu en présence d'un surveillant qui doit avoir la possibilité d'entendre les conversations et empêcher toute remise d'argent ou objet quelconque par les visiteurs. Les objets ou sommes que les visiteurs destinent aux détenus doivent être remis au directeur de prison qui les prend en charge. Les conversations entre détenus et visiteurs ne doivent porter que sur les affaires de famille ou d'intérêt privé propre aux intéressés.

### *B – Les visites des avocats*

Les détenus provisoires peuvent communiquer librement avec leur conseil verbalement ou par écrit. Le défenseur régulièrement choisi ou désigné agissant dans le cadre de ses fonctions et sur présentation d'une lettre de constitution visée par le magistrat compétent peut communiquer librement avec les détenus, en dehors de la présence d'un surveillant. Les visites de conseil peuvent avoir lieu tous les jours ouvrables de 08 heures à 12 heures et de 15 heures à 18 heures. Les avocats régulièrement constitués doivent présenter leur carte professionnelle.

### *C – Les autres visites*

#### 1 – Les visites des autorités judiciaires

***Le juge de l'application des peines*** doit visiter les établissements pénitentiaires au moins une fois par mois pour y vérifier les conditions dans lesquelles les condamnés y exécutent leur peine.

***Le président de la chambre d'accusation*** visite chaque fois qu'il l'estime nécessaire et au moins deux fois par an les maisons d'arrêt du ressort de la cour d'appel.

***Le juge d'instruction*** et, en ce qui concerne les mineurs relevant de sa juridiction, ***le juge des enfants*** peuvent visiter les maisons d'arrêt et y voir les prévenus aussi souvent qu'ils l'estiment utile.

***Le procureur de la République*** doit se rendre dans chaque prison une fois par trimestre et plus souvent s'il y a lieu tout comme ***le procureur général***.

#### 2 – Les visites des autorités administratives

Les établissements pénitentiaires font également l'objet de contrôle de la part des autorités administratives compétentes. Les administrations ou corps intéressés par certaines parties du service des établissements pénitentiaires sont habilités à en vérifier l'organisation et le fonctionnement dans la limite des attributions que leur confèrent les lois et règlements. Il en est ainsi de la commission de surveillance instituée auprès de chaque établissement pénitentiaire sous la présidence du gouverneur de région et chargée de la surveillance intérieure de la prison en matière de salubrité, de sécurité, de régime alimentaire, de santé, de travail, de discipline, d'observation des règlements, d'enseignement et de réadaptation sociale des détenus.

Il en est également ainsi de l'Observateur national des lieux de privation de liberté (ONLPL) qui est une autorité administrative indépendante ayant pour vocation de visiter, à tout moment, tout lieu du territoire national où se trouvent des personnes privées de liberté sur l'ordre d'une autorité publique, ou à son instigation, ou avec son consentement express ou tacite.

Signalons enfin que les organisations de défense des droits de l'homme ainsi que des organismes comme le CICR effectuent régulièrement des visites dans les établissements pénitentiaires.

### Paragraphe 3 : L'information

Il peut s'agir de l'information écrite ou de celle audiovisuelle.

Les détenus peuvent se procurer, par abonnement ou par don des personnes admises à les visiter, des périodiques visés par le directeur.

Les détenus sont autorisés à détenir leur poste récepteur à piles qu'ils peuvent écouter jusqu'à 21 heures.

# CHAPITRE II

## LA PRÉPARATION DU DÉTENU A LA RÉINSERTION SOCIALE

La réinsertion sociale des détenus constitue l'un des problèmes récurrents des sociétés modernes : quelle place accorder aux condamnés qui purgent une peine privative de liberté à la suite d'une violation des prescriptions légales et comment les inciter à respecter les normes sociales une fois leur peine purgée ? Une telle préoccupation est centrale dans la légitimation sociale de la prison, mais surtout dans la lutte contre la récidive. Il est en effet notoire que la fonction de la peine privative de liberté est d'essayer d'améliorer le condamné ou, à défaut, de ne pas le désocialiser davantage. Le meilleur moyen de lutte contre la criminalité est d'amender, d'améliorer le délinquant. L'emprisonnement doit transformer un délinquant en honnête citoyen qui saura respecter dans l'avenir, l'ordre social et la loi. S'il s'avère indispensable de sanctionner celui qui viole le pacte social, il convient également d'œuvrer pour que celui qui a payé sa dette à la société puisse tirer profit de l'exécution de sa peine. Un tel objectif exige que soit engagée au cours de la période d'incarcération, une série « d'interventions croisées » dans les domaines aussi divers que ceux de la formation professionnelle, de la santé, de l'éducation (intériorisation des règles de vie en société) et de l'action sociale (maintien des relations familiales et professionnelles). Le régime pénitentiaire doit inciter le condamné à mettre à profit le temps de détention pour s'amender, acquérir de nouvelles compétences, améliorer son niveau d'instruction et se préparer en vue de sa libération.

Les Règles minima pour le traitement des détenus (RMT) reconnaissent cette exigence.

La règle 58 le souligne :

*« Le but et la justification des peines et des mesures privatives de liberté sont en définitive de protéger la société contre le crime. Un tel but ne sera atteint que si la période de privation de liberté est mise à profit pour obtenir, dans toute la mesure du possible, que le délinquant, une fois libéré, soit non seulement désireux, mais aussi capable de vivre en respectant la loi et de subvenir à ses besoins. »*

Les articles 264 et 265 du décret 2001-362 sont consacrés au service socio-éducatif qui est institué dans chaque établissement pénitentiaire.

C'est à partir de 2009, avec la mise en place de 14 services socio-éducatifs dans 14 établissements pilotes, que la DAP a commencé à mettre en application les dispositions précitées. Après évaluation, le service socio-éducatif a été généralisé en 2010 dans l'ensemble des établissements pénitentiaires du pays.

Le service socio-éducatif est une structure de base de la DAP instituée dans chaque établissement pénitentiaire. Il est placé sous l'autorité du directeur de l'établissement pénitentiaire. Il a pour mission essentielle d'induire une approche psychosociale et pédagogique pouvant favoriser des processus de développement participatif, capables d'assurer une autoprise en charge dynamique des détenus. À ce titre, il est chargé de :

1. participer à la prévention des effets désocialisants de l'incarcération ;

2. favoriser le maintien des liens familiaux et sociaux ;

3. s'entretenir librement avec les détenus ;

4. aider à préparer la réadaptation sociale et suivre le processus ;

5. aider à individualiser la situation pénale des détenus ;

6. assurer les liaisons avec les divers services sociaux, éducatifs et médico-sociaux locaux ;

7. prendre tout contact nécessaire pour la réinsertion des détenus ;

8. rassembler, orienter, coordonner les efforts des visiteurs de prison ;

9.élaborer des rapports périodiques ou circonstanciés sur le fonctionnement du service.

Le Service socio-éducatif est dirigé par un assistant social ou un éducateur spécialisé ou un professionnel assimilé à l'une des deux catégories de travailleurs sociaux.

Le chef du Service socio-éducatif est nommé par le directeur de l'Administration pénitentiaire. Il est assisté dans ses fonctions par des agents de l'établissement pénitentiaire, des personnes ressources, partenaires ou certains spécialistes.

Le programme d'activités du Service socio-éducatif est fonction des ressources de la structure, des potentialités de la localité et des attentes et aptitudes des cibles.

Les activités du Service socio-éducatif sont regroupées autour des principaux volets ci-dessous :

1– Volet Consultations Sociales

– Accueil

– Entretien

– Médiation

2– Volet Sensibilisation/Information – Éducation – Communication

– Prévention contre les effets néfastes de l'emprisonnement

– Prévention contre les fléaux sociaux (délinquance, drogue, maladies…)

3– Volet Culture/Sport/Loisirs

– Assistance spirituelle, pratiques religieuses

– Sports individuels ou collectifs (lutte, football…)

– Jeux (cartes, dames, scrabble…)

– Activités culturelles (lecture, théâtre, musique…)

4– Volet Enseignement/Formation professionnelle

– Alphabétisation

– Enseignement

– Formation professionnelle (apprentissage)

5– Volet Recherche/Action

– Enquêtes sociales

– Étude de projets

– Suivi (assistance judiciaire, projet personnel)

– Accompagnement, placement, installation

6– Volet partenariat : de par sa position tampon entre la détention et l'extérieur, le Service socio-éducatif est tenu de développer un réseau de partenaires crédibles pour réussir sa mission.

En résumé, on peut retenir que la préparation du détenu à la réinsertion sociale est envisagée par le Service socio-éducatif à travers les différentes activités suivantes : les activités éducatives (Section I), les activités socioculturelles et récréatives (Section II), la pratique religieuse (Section III), le travail pénitentiaire (Section IV). On ne saurait cependant être complet s'agissant de la préparation à la réinsertion sociale du détenu si l'on n'évoquait pas la question des aménagements de peine (Section V).

## SECTION I : LES ACTIVITÉS ÉDUCATIVES

La Déclaration universelle des droits de l'Homme indique en son article 26 :

*« Toute personne a droit à l'éducation. L'éducation doit viser au plein épanouissement de la personnalité humaine et au renforcement du respect des droits de l'homme et des libertés fondamentales. »*

Le principe 6 des principes fondamentaux relatifs au traitement des détenus précise :

*« Tous les détenus ont le droit de participer à des activités culturelles et de bénéficier d'un enseignement visant au plein épanouissement de la personnalité humaine. »*

Les RMT ne sont pas en reste. La règle 77 (1) indique : *« Des dispositions doivent être prises pour développer l'instruction de tous les détenus capables d'en profiter, y compris l'instruction religieuse dans les pays où cela est possible. L'instruction des analphabètes et des jeunes détenus doit être obligatoire, et l'administration devra y veiller attentivement. »*

Notre législation qui s'inspire essentiellement des textes précités consacre également la nécessité pour les détenus de s'adonner à des activités éducatives, lesquelles s'entendent essentiellement de l'enseignement (Paragraphe 1) et de la bibliothèque (Paragraphe 2).

### Paragraphe 1 : L'enseignement

En matière d'enseignement, le traitement pénitentiaire se fonde sur les idées suivantes :

– L'enseignement est important pour l'épanouissement de l'individu et de la collectivité ;

– L'enseignement est un moyen d'humaniser les conditions de vie au sein de la prison ;

– L'enseignement favorise la resocialisation ;

– L'enseignement vient combler de nombreux besoins au sein de la population pénale.

L'enseignement est un moyen d'humaniser les conditions de vie au sein de la prison, elle favorise la resocialisation en ce qu'elle constitue un moyen permettant au détenu de comprendre la société et de pouvoir jouer un rôle dans son fonctionnement dans le futur. Elle vient combler de nombreux besoins au sein de la population carcérale.

Les articles 256 à 260 du décret 2001-362 traitent de l'enseignement. Il est ainsi indiqué que l'administration peut, en collaboration avec les services compétents, organiser des séances d'instruction civique et morale dans les établissements pénitentiaires. Toutes instructions compatibles avec les exigences de la discipline et de la sécurité sont données aux détenus qui présenteront des aptitudes à recevoir un enseignement scolaire et professionnel. L'enseignement élémentaire et des cours d'alphabétisation sont dispensés autant que faire se peut aux détenus analphabètes. Ils sont obligatoires pour les mineurs. Les cours élémentaires ou d'alphabétisation sont dispensés par un enseignant, un surveillant ou un détenu possédant les compétences nécessaires. Lorsqu'ils sont dispensés à des mineurs, ces cours ont lieu aux heures prévues pour le travail. Dans les autres cas, ils ont lieu à des heures déterminées suivant les besoins du service et du travail. Les détenus peuvent recevoir et suivre des cours par correspondance avec l'autorisation du directeur de prison, en dehors du temps auquel ils sont astreints au travail.

### Paragraphe 2 : La bibliothèque

Dans un établissement pénitentiaire, la bibliothèque a un rôle considérable à jouer dans l'amélioration des relations des détenus avec la société.

Elle peut procurer aux détenus des activités éducatives et des loisirs répondant à leur centre d'intérêt et à leurs capacités. C'est dans ce sens qu'il faut interpréter la règle 40 des RMT : « *Chaque établissement doit avoir une bibliothèque à l'usage de toutes les catégories de détenus et suffisamment pourvue de livres instructifs et récréatifs. Les détenus doivent être encouragés à l'utiliser le plus possible.* »

Les articles 261, 262 et 263 du décret de 2001 sont consacrés à la bibliothèque.

La lecture est autorisée tous les jours et aux heures de promenade dans une bibliothèque aménagée dans l'établissement jusqu'à l'extinction des lumières. Les ouvrages sont mis gratuitement à la disposition des détenus, à raison de deux par semaine.

## SECTION II : LES ACTIVITÉS SOCIOCULTURELLES ET RÉCRÉATIVES

Les activités socioculturelles et récréatives entrent pour une part considérable dans le développement humain. Le droit pour les détenus de participer à de telles activités est affirmé dans plusieurs textes internationaux.

Il en est ainsi du principe 6 des principes fondamentaux relatifs au traitement des détenus qui précise :

« *Tous les détenus ont le droit de participer à des activités culturelles et de bénéficier d'un enseignement visant au plein épanouissement de la personnalité humaine.* »

La règle 21 des RMT reconnait la nécessité pour les détenus de s'adonner à des exercices physiques. Elle indique en effet que :

*« Chaque détenu qui n'est pas occupé à un travail en plein air doit avoir, si le temps le permet, une heure au moins par jour d'exercice physique approprié en plein air.*

*Les jeunes détenus et les autres dont l'âge et la condition physique le permettent doivent recevoir pendant la période réservée à l'exercice une éducation physique et récréative. À cet effet, le terrain, les installations et l'équipement devraient être mis à leur disposition. »*

La règle 78 des RMT ajoute :

*« Pour le bien-être physique et mental des détenus, des activités récréatives et culturelles doivent être organisées dans tous les établissements. »*

La pratique pénitentiaire au Sénégal tient effectivement compte de ces exigences.

Dans chaque établissement, pendant les heures de promenade, les détenus qui le désirent ont le terrain de football à leur disposition pour s'adonner à des exercices physiques. De même, sous l'impulsion du Service socio-éducatif, des activités sportives, comme le football et la lutte traditionnelle essentiellement sont régulièrement organisées.

S'agissant des activités socioculturelles, elles connaissent un dynamisme certain. Elles sont diverses et vont du théâtre aux jeux de l'esprit en passant par la musique.

Certains établissements comme le camp pénal de Liberté VI comptent en leur sein une troupe théâtrale qui se produit à l'occasion des grands événements qui rythment la vie de la prison, productions dont les thèmes sont justement relatifs à la vie carcérale, ce qui présente l'avantage d'influencer positivement les comportements des détenus.

Concernant les jeux de l'esprit, des tournois de scrabble, de belote et de jeu de dames se tiennent régulièrement, des tournois à l'occasion desquels les détenus se regroupent en équipes de chambre. Il arrive même que quelques membres du personnel participent à ces joutes.

La musique n'est pas en reste puisque certains détenus, à l'image de la troupe théâtrale, font des prestations individuelles notamment dans le domaine de la musique rap à l'occasion de certains grands événements. Les artistes musiciens de la place n'hésitent pas non plus à venir en prison se produire dans le cadre de concerts organisés en rapport avec le Service socio-éducatif.

## SECTION III : LA PRATIQUE RELIGIEUSE

Les détenus devraient pouvoir trouver en prison la possibilité d'un réconfort spirituel à leur convenance, la liberté religieuse étant un droit fondamental. Il est opportun de rappeler ici la règle 42 des RMT :

*« Chaque détenu doit être autorisé, dans la mesure du possible, à satisfaire aux exigences de sa vie religieuse, en participant aux services organisés dans l'établissement et en ayant en sa possession les livres d'édification et d'instruction religieuse de sa confession. »*

Au Sénégal, les **articles 252 à 255 du décret 2001-362** règlementent la pratique religieuse dans les établissements pénitentiaires. Chaque détenu est libre de pratiquer la religion de sa foi dans la mesure où cette pratique ne perturbe pas l'ordre et la discipline. Un aumônier catholique ou un protestant peut être nommé par le directeur de l'Administration pénitentiaire auprès de chaque établissement pénitentiaire. Le grand imam de la localité désigne au directeur de l'Administration pénitentiaire les chargés de prêche qui visitent l'établissement. Ces derniers, avec les aumôniers, peuvent s'entretenir avec les détenus suivant un emploi du temps établi par le chef de l'établissement. Ils peuvent célébrer les offices, administrer les sacrements et organiser des conférences sur des sujets traitant de la religion et de la morale. Les détenus sont autorisés à recevoir et à conserver les objets de pratiques religieuses courants tels que le coran, la bible, les chapelets, les tapis de prière. Ils peuvent recevoir du chargé de prêche ou de l'aumônier des livres d'édification ou d'instruction de leur confession, les faire acheter, en recevoir de l'extérieur sous le contrôle des autorités de l'établissement pénitentiaire.

## SECTION IV : LE TRAVAIL PÉNITENTIAIRE

*« Rendez les hommes laborieux, ils deviendront honnêtes. »*

Cette assertion de HOWARD est suffisamment éloquente pour traduire l'utilité du travail dans la perspective de resocialisation du détenu.

D'ailleurs le travail est au cœur de la philosophie des systèmes pénitentiaires depuis au moins le XIXe siècle. Le travail constitue, traditionnellement, une des activités principales auxquelles se livrent les détenus. La formation professionnelle est en effet importante pour le développement personnel quand bien même elle n'offrirait pas la garantie d'un travail à l'extérieur. Mais ce travail doit satisfaire à certaines exigences comme l'impose la règle 71 des RMT :

*« Il faut fournir aux détenus un travail productif suffisant pour les occuper pendant la durée normale d'une journée de travail.*

*Ce travail doit être, dans la mesure du possible, de nature à maintenir ou à augmenter leur capacité de gagner honnêtement leur vie après leur libération. »*

En vertu de l'article 692 alinéa 1 du Code de procédure pénale, les condamnés à des peines privatives de liberté pour des faits qualifiés crimes ou délits de droit commun sont astreints au travail.

Certains peuvent en être dispensés en raison de leur âge, de leur infirmité ou sur prescription médicale. L'exemption provisoire ou définitive est accordée par le directeur de la prison qui en rend compte au ministre chargé de l'Administration pénitentiaire sous le couvert du directeur de l'Administration pénitentiaire.

Les détenus provisoires et les condamnés à une peine de police peuvent demander qu'il leur soit donné du travail. Dans ce cas, ils sont assujettis aux mêmes règles que les autres condamnés dans l'organisation et la discipline du travail.

Les détenus qui seront jugés dangereux en raison de leur violence ou de leurs antécédents ainsi que ceux qui se sont évadés une fois ou auront tenté de s'évader ne pourront pas être employés à l'extérieur de l'établissement pénitentiaire.

Au terme de **l'article 33 du décret de 2001,** « *les dispositions nécessaires doivent être prises pour qu'un travail productif et suffisant à occuper la durée normale d'une journée de travail soit fourni aux détenus qui sont astreints au travail ou qui en demandent* ».

Le travail en prison s'effectue selon diverses modalités (***Paragraphe 1***) et permet aux détenus d'acquérir un pécule dont il importe de connaître les règles de gestion (***Paragraphe 2***).

### Paragraphe 1 : Les modalités du travail pénitentiaire

En plus des corvées de service et les occupations dans les services administratifs de l'établissement, le travail peut être effectué dans les établissements pénitentiaires sous le régime de la régie directe ou celui de la concession.

À l'extérieur, le travail s'effectue sous le régime de la concession et de la cession de la main d'œuvre pénitentiaire, à la demande et pour le compte des services publics et établissements publics et des particuliers ou sur les chantiers publics.

### *A – Les corvées de service et occupations*

La propreté intérieure des établissements pénitentiaires est assurée par les détenus provisoires et les condamnés. Celle des abords extérieurs est assurée par les condamnés. Ces corvées ne donnent droit à aucune rémunération.

Des détenus peuvent être affectés au service administratif et médical de l'établissement. Ils sont choisis parmi les condamnés qui purgent de petites peines ou ceux qui bénéficient du régime de confiance. Des travaux d'écriture faits au profit des services administratifs et des collectivités publiques peuvent leur être confiés, à condition qu'ils s'effectuent dans un local de l'établissement soumis à surveillance.

Les détenus peuvent être employés, par équipe ou isolément, à des corvées à l'intérieur de l'établissement, au jardin, aux corvées de propreté, à l'entretien des rues, des routes et des bâtiments publics.

Ils ne peuvent être employés comme domestiques ni au service particulier du personnel de l'établissement pénitentiaire et de tout autre fonctionnaire ou magistrat.

### *B – La régie directe, la concession et la cession*

#### 1 – La régie directe

Il y a régie directe lorsque l'Administration pénitentiaire fait travailler les détenus pour son propre compte. Les condamnés travaillant sous le régime de la régie directe sont occupés à des travaux de leurs professions comme la cordonnerie, la menuiserie, la confection de vêtement, la mécanique, l'électricité, la plomberie, etc.

Ils peuvent être occupés également à des travaux manuels comme la confection de sacs de joute ou de cisaille, de filets, d'objets de vannerie ou de cuir, selon la capacité de chacun d'eux et des moyens dont dispose l'établissement.

Les matières premières, les outils et les machines nécessaires à ces travaux sont achetés sur les crédits budgétaires de l'Administration pénitentiaire.

### 2 – La concession

Il y a concession lorsque l'Administration pénitentiaire signe un contrat avec une entreprise et lui fournit la main-d'œuvre pénale.

Le directeur de la prison a qualité pour accorder les concessions de main d'œuvre pénale à l'intérieur de son établissement pour une durée égale ou inférieure à cinq jours. Les autres concessions font obligatoirement l'objet d'un contrat fixant les conditions particulières, notamment en ce qui concerne l'effectif concédé, la durée de la concession et le prix du travail.

### 3 – La cession

Il y a cession de main d'œuvre pénitentiaire lorsque les travaux sont effectués au profit des services ou établissements publics. Dans ce cas, le contrat est remplacé par une autorisation du ministre chargé de l'Administration pénitentiaire.

Il y a lieu de préciser que tout concessionnaire ou bénéficiaire d'un travail pénitentiaire s'acquitte d'une redevance qui ne présente pas le caractère d'un salaire à l'égard des détenus.

### Paragraphe 2 : La gestion du pécule des détenus

Conformément aux dispositions du **décret 2001-362 du 4 mai 2001, articles 54, 55** et **56**, il est constitué au profit des détenus employés à des travaux autres que ceux de corvées à l'intérieur de la prison, un pécule qui leur est remis à leur libération ou qui peut servir en cours de peine à leur procurer quelques adoucissements s'ils le méritent.

Si le détenu effectue un travail qui nécessite un investissement de production, le bénéfice réalisé, après remboursement du coût des matières est ainsi réparti :

– **20 %** pour l'amortissement du matériel ;

– **80 %** représentant la rémunération du détenu. Si un travail ne nécessite aucun investissement de production, le produit représente la rémunération du détenu.

Dans tous les cas la rémunération du détenu se répartit ainsi qu'il suit :

– **1/3** destiné aux dépenses de l'établissement ;

– **2/3** destinés au pécule du détenu.

La portion accordée aux détenus sur le pécule de leur travail est répartie comme suit :

– une moitié est affectée à leur pécule disponible ;

– un quart est affecté à la constitution de leur fonds de réserve ;

– un quart est affecté à la constitution de leur pécule de garantie.

#### *A – Le pécule disponible*

Il représente la moitié du pécule pris en compte au profit du détenu. Il comprend une partie du produit de son travail, les sommes qu'il a apportées avec lui à son arrivée et celles qui lui sont envoyées pendant son incarcération.

Le pécule disponible est destiné à l'achat de livres, de vivres, de menus objets et vêtements autorisés, à l'affranchissement de sa correspondance, au secours de la famille du détenu, aux retenues opérées en paiement des dégradations dont il s'est rendu coupable au cours de sa détention ou du remboursement de la valeur des matières, outils ou machines détériorés dans les ateliers ou chantiers.

### *B – Le pécule de réserve*

Il représente un quart du pécule global alloué au détenu. Il est destiné à permettre au détenu de faire face à des dépenses éventuelles à sa libération. Le pécule de réserve ne peut faire l'objet d'aucune voie d'exécution pour quelque cause que ce soit pendant l'incarcération.

### *C- Le pécule de garantie*

Il représente le second quart du pécule du détenu. Il est destiné à permettre au détenu de payer les amendes et les frais de justice dus à l'État à la suite de décisions prononcées par la juridiction répressive. Lorsque les droits du Trésor ont été acquittés, le reste du pécule de garantie est affecté à la réparation du préjudice subi par la ou les victimes lorsqu'elles ont fait connaître au ministère public compétent, leur intention de poursuivre le recouvrement de leurs créances sur cette fraction du pécule.

Le pécule de garantie ne saurait faire l'objet d'aucun acte de disposition de la part du détenu. Lorsque les amendes, les frais de justice et les réparations civiles sont acquittés, le restant du pécule de garantie est versé au pécule de réserve.

Au moment de sa libération, chaque détenu reçoit les sommes résultant de la liquidation de ses comptes de pécule, accompagnées des pièces justificatives du paiement des sommes versées pour l'exécution des condamnations pécuniaires.

En cas d'évasion, le détenu perd définitivement ses pécules disponibles et de réserve. Si le détenu meurt avant l'expiration de sa peine, ses héritiers légaux ont droit à son pécule, après déduction éventuelle des sommes dues pour amendes ou frais de justice.

À l'occasion d'un transfèrement administratif, les pécules du détenu sont versés au directeur de l'établissement de destination ainsi que la fiche de pécule ouverte à cet effet.

## Section V : Les aménagements de peine

L'un des principes essentiels qui inspire les législations pénitentiaires modernes est que la peine de prison ferme doit être utilisée en ultime recours et qu'elle peut s'exécuter de plusieurs façons. D'où la nécessité d'envisager des mesures qui ont pour objectifs de favoriser la réinsertion des condamnés, de lutter plus efficacement contre la récidive, de maintenir ou de restaurer les liens familiaux, sociaux et de travail et de faciliter l'indemnisation des victimes.

Par aménagement de peines, nous pouvons donc entendre l'adaptation de la peine afin de la rendre plus efficace et moins symbolique. Il est, en effet, dans l'intérêt de la société et de la personne détenue de développer les aménagements de peines puisqu'ils participent à réduire les tensions liées à la surpopulation carcérale et contribuent efficacement à la réinsertion sociale des personnes condamnées en ce qu'ils permettent d'éviter les sorties sèches sans aucune préparation.

Le législateur sénégalais, s'inspirant du Pacte international relatif aux droits civils et politiques, des recommandations des congrès quinquennaux des Nations unies pour la prévention du crime et le traitement des délinquants, exhortant les États membres à doter leur système pénal de peines alternatives à l'incarcération ainsi que d'aménagements de peines, préoccupation partagée par la Commission africaine des droits de l'homme et des peuples et prise en considération dans la déclaration de Kampala du 21 septembre 1996 sur les conditions de détention en Afrique, a modifié le CP et le CPP par la réforme de 2000 qui a vu l'adoption de deux lois : celle n° 2000-38 modifiant le Code pénal et celle n° 2000-39 modifiant le Code de procédure pénale, lois complétées par leur décret d'application n° 2001-362 du 4 mai 2001. Les différentes mesures d'aménagement ou modes d'aménagement des peines sont prévues par les articles 44-2 à 44-6 du CP et par les articles 704 à 704-36 CPP. Les six (06) mesures d'aménagement de peine prévues par la loi au Sénégal sont : le sursis (Paragraphe 1), la probation (Paragraphe 2), le travail au bénéfice de la société (Paragraphe 3), la semi-liberté (Paragraphe 4), le fractionnement de la peine (Paragraphe 5) et enfin la dispense de peine et l'ajournement de peine (Paragraphe 6).

Il y a lieu, à ce niveau, de faire remarquer que le système sénégalais est différent du système français dont il s'inspire pourtant. La législation française prévoit en effet neuf possibilités d'aménagements de peines que sont : la réduction de peine, la permission de sortir, l'autorisation de sortie sous escorte, la suppression ou le fractionnement de la peine, le placement à l'extérieur, la semi-liberté, le placement sous surveillance électronique et la libération conditionnelle.

On le voit donc, certaines mesures existant en France ne sont pas retenues au Sénégal et à l'inverse des mesures comme le sursis, la probation et le travail au bénéfice de la société ne sont pas classées en France dans la rubrique des aménagements de peines.

Après avoir passé en revue les six mesures d'aménagement de peine prévues par le législateur sénégalais, il ne serait pas inutile de présenter certaines mesures retenues en France comme la permission de sortir (Paragraphe 7), l'autorisation de sortie sous escorte (Paragraphe 8), le placement à l'extérieur (Paragraphe 9) et la libération conditionnelle (Paragraphe 10).

À préciser que les mesures d'aménagement prévues au Sénégal ne peuvent être appliquées ou prescrites :

– ni en cas de récidive ;

– ni en matière criminelle ;

– ni en matière correctionnelle pour les infractions suivantes : détournements de deniers publics, délits douaniers, viol, attentats à la pudeur, pédophilie, délits relatifs aux stupéfiants.

**Paragraphe 1 : Le sursis**

S'agissant du sursis, il y a lieu de préciser que c'est une mesure qui était prévue par le CPP en ses articles 704 à 707 bien avant la réforme de 2000 et qui, contrairement aux nouvelles mesures instituées par ladite réforme, est très souvent prononcée par les juridictions de jugement.

Quand il accorde le sursis, le juge adresse au délinquant un avertissement qui peut être résumé ainsi qu'il suit : « *Je prononce contre vous la peine que vous avez méritée, mais je vous dispense provisoirement de la subir. Si, pendant un certain délai, votre conduite est satisfaisante, la dispense deviendra définitive ; bien plus, la condamnation prononcée contre vous, sera effacée. Si, au contraire, vous commettez une nouvelle infraction, non seulement vous subirez la peine attachée à cette nouvelle infraction, mais vous devrez aussi exécuter celle dont vous n'êtes que provisoirement dispensé* ».

Le sursis est donc une dispense d'exécution partielle ou totale de la peine sous certaines conditions (**A**) et il entraîne un certain nombre d'effets (**B**).

### *A – Conditions d'octroi du sursis*

L'article 704 CPP dispose : « *Sauf disposition contraire, en cas de condamnation à l'emprisonnement ou à l'amende, si le condamné n'a pas fait l'objet de condamnation antérieure aux travaux forcés, à la détention criminelle ou à l'emprisonnement pour crime ou délit de droit commun, les cours et tribunaux peuvent ordonner, par le même jugement et par décision motivée, qu'il sera sursis à l'exécution de la peine principale.*

*La juridiction peut décider que le sursis ne s'appliquera à l'exécution de l'emprisonnement que pour une partie dont elle détermine la durée dans la limite de cinq ans.* »

Le sursis est applicable aux personnes physiques ainsi qu'aux personnes morales. Les condamnations auxquelles peut s'attacher le bénéfice du sursis sont l'emprisonnement et l'amende.

S'agissant de l'emprisonnement, il importe peu qu'il intervienne à la suite d'un crime ou d'un délit. Il faut juste excepter le cas où, à l'égard d'une infraction donnée, le bénéfice du sursis est exclu par une disposition formelle de la loi.

Le sursis ne concerne que le délinquant sans passé pénal ou délinquant primaire c'est-à-dire celui n'ayant pas fait l'objet d'une condamnation antérieure pour crime ou délit de droit commun. Il faut signaler que le sursis ne constitue pas un droit, c'est une mesure facultative. Même à l'égard de celui qui remplit les conditions légales, il n'est accordé par le juge qu'à la suite d'un examen individuel.

Précisons que le sursis peut être partiel, c'est lorsque le juge décide en cas de peine d'emprisonnement que le sursis ne s'applique que pour une partie dont il détermine la durée.

***B – Les effets du sursis***

Les articles 705 et 706 CPP disposent respectivement : *« Si pendant le délai de cinq ans à dater du jugement ou de l'arrêt le condamné n'a encouru aucune poursuite suivie de condamnation à l'emprisonnement ou à une peine plus grave pour crime ou délit de droit commun, la condamnation sera réputée non avenue.*

*Dans le cas contraire, la première peine sera d'abord exécutée sans qu'elle puisse se confondre à la seconde. »*

*« Lorsque le bénéfice du sursis n'a été accordé que pour une partie de la peine, la condamnation est réputée non avenue dans tous ses éléments si la révocation du sursis n'a pas été encourue, l'amende ou la partie de l'amende non assortie du sursis restant due. »*

Il ressort de ces deux textes que le bénéficiaire du sursis est dispensé de l'exécution de la peine d'emprisonnement ou d'amende prononcée contre lui pendant un délai de cinq (05) ans s'il ne commet pas dans cet intervalle un crime ou un délit de droit commun suivi d'une nouvelle condamnation.

Ainsi, s'il a été frappé d'amende, il est dispensé de la payer. S'il était en état de détention provisoire, il est immédiatement libéré.

Mais il faut préciser à ce niveau que les autres effets de la condamnation se produisent. Ainsi les incapacités qu'entraîne la condamnation doivent produire leurs effets. De même, les peines accessoires s'attachent de plein droit à la condamnation. Quant aux peines complémentaires facultatives, la situation est la même que si le sursis n'était pas accordé ; le juge est libre de les prononcer ou non. Les peines complémentaires obligatoires s'appliquent au délinquant.

À l'expiration du délai de 5 ans, si aucune cause de révocation n'est intervenue, la condamnation prononcée est réputée non avenue.

Mais si dans ce délai de 5 ans et postérieurement à la première condamnation devenue définitive le bénéficiaire du sursis encourt une nouvelle poursuite suivie de condamnation, le sursis est révoqué de plein droit. Cette déchéance du sursis fera que le condamné subira successivement la peine dont l'exécution avait été suspendue, puis celle qu'il vient d'encourir.

À côté du sursis simple, une autre forme de sursis existe. Il s'agit de la probation ou sursis avec mise à l'épreuve.

### Paragraphe 2 : La probation

La probation qui ne concerne que les personnes physiques consiste à suspendre l'exécution de la peine d'emprisonnement infligée à un condamné en lui imposant en retour des mesures de surveillance et d'assistance pendant un délai d'épreuve. Comme le sursis simple, la probation n'est pas un droit, il est facultatif pour le juge.

S'agissant de ses conditions d'octroi, il faut préciser qu'à la différence du sursis simple, la loi ne fait aucune référence à une condamnation antérieure.

Ensuite la probation ne peut être prononcée que pour une peine d'emprisonnement correctionnel d'une durée de trois ans au plus, à l'exclusion de toute peine d'amende.

Enfin, le délai d'épreuve doit être fixé par la juridiction pénale et il ne peut être inférieur à dix-huit (18) mois ni supérieur à quatre (4) ans.

Concernant les effets de la probation, il faut préciser que si dans le délai d'épreuve, la probation n'a pas fait l'objet d'une révocation soit du fait de l'inobservation des obligations et mesures ordonnées, soit du fait de la commission de nouvelles infractions, la condamnation est réputée non avenue comme en cas de sursis simple sans rechute.

À l'inverse et comme souligné plus haut, en cas de non-respect des obligations ou de commission d'une nouvelle infraction, le tribunal peut prononcer la révocation partielle du ou des sursis antérieurs, la révocation totale du ou des sursis précédemment accordés.

La probation se différencie du sursis simple, en ce sens que le condamné n'est pas laissé à lui-même, il est plutôt soumis à des mesures d'assistance et de contrôle et à l'observation de certaines obligations générales (**A**), mais aussi d'obligations spéciales (**B**).

### *A – Les obligations générales*

L'article 707-5 CPP énumère les mesures de contrôle auxquelles le condamné doit se soumettre. Elles ont pour but de contrôler la résidence, les occupations et les moyens d'existence du probationnaire. Ce dernier doit communiquer certaines informations et obtenir certaines autorisations. Ces mesures de contrôle se traduisent par un certain nombre de contraintes imposées au condamné :

1) répondre aux convocations du JAP ou de l'agent du comité de suivi en milieu ouvert désigné par ce juge ;

2) recevoir les visites de l'agent de suivi en milieu ouvert et lui communiquer les renseignements ou documents de nature à permettre le contrôle de ses moyens d'existence et de l'exécution de ses obligations ;

3) prévenir l'agent du comité de suivi en milieu ouvert de ses changements d'emploi ;

4) prévenir l'agent du comité de suivi en milieu ouvert de ses changements de résidence ou de tout déplacement

dont la durée excéderait quinze jours et rendre compte de son retour ;

5) obtenir l'autorisation préalable du JAP pour tout déplacement à l'étranger et/ou lorsque le déplacement est de nature à mettre obstacle à l'exécution de ses obligations.

À côté de ces mesures générales, l'article 707-6 CPP prévoit pour chaque probationnaire des mesures individuelles.

### *B – Les obligations spéciales*

Les obligations spéciales concernent la vie sociale et professionnelle du condamné, sa santé, la prévention de la récidive et le désintéressement des parties civiles. Elles sont limitativement énumérées ainsi qu'il suit :

1) exercer une activité professionnelle ou suivre un enseignement ou une formation professionnelle ;

2) établir sa résidence en un lieu déterminé ;

3) se soumettre à des mesures d'examen médical, de traitement ou de soins, même sous le régime de l'hospitalisation ;

4) justifier qu'il contribue aux charges familiales ou acquitte régulièrement les pensions alimentaires dont il est débiteur ;

5) réparer en tout ou partie, en fonction de ses facultés contributives, les dommages causés par l'infraction ou procéder à la mise en état ou au remplacement du bien endommagé en cas de dommages matériels ;

6) justifier qu'il acquitte, en fonction de ses facultés contributives, les sommes dues au Trésor public à la suite de sa condamnation ;

7) s'abstenir de conduire certains véhicules déterminés par les catégories de permis de conduire ;

8) ne pas se livrer à l'activité professionnelle dans l'exercice ou à l'occasion de laquelle l'infraction a été commise ;

9) s'abstenir de paraitre en tout lieu spécialement désigné ;

10) ne pas engager de pari ;

11) ne pas fréquenter les débits de boissons ou certains lieux de spectacle ou rassemblements ;

12) ne pas fréquenter certains condamnés, notamment les auteurs ou complices de l'infraction ;

13) s'abstenir d'entrer en relation avec certaines personnes notamment la victime de l'infraction ;

14) ne pas détenir ou porter une arme.

Précisons enfin que le JAP est chargé du suivi de la probation, et à ce titre, il doit s'assurer de l'exécution des mesures de contrôle ainsi que des obligations particulières imposées soit par la décision de condamnation, soit par une décision que peut, à tout moment, prendre le comité de l'aménagement des peines sur sa proposition.

### Paragraphe 3 : Le travail au bénéfice de la société

Le travail au bénéfice de la société (TBS) consiste en une prestation d'activités non rémunérées accomplies au profit d'une collectivité publique, d'un établissement public ou d'une association. Le condamné doit satisfaire certaines conditions (**A**) et exécuter la mesure suivant certaines modalités (**B**).

#### *A – Les conditions d'octroi du travail au bénéfice de la société*

La juridiction qui prononce un emprisonnement peut assortir sa décision de la possibilité que le condamné puisse bénéficier, après avoir purgé les deux tiers de sa peine, du

TBS, non rémunéré pour une durée de 40 heures à 240 heures. L'article 44-2 CP précise que le TBS ne peut être prononcé ni en cas de récidive ni en matière correctionnelle pour les détournements de deniers publics, les délits douaniers, le viol, l'attentat à la pudeur, la pédophilie et les délits relatifs aux stupéfiants. Enfin, le TBS ne peut être prescrit que contre un prévenu présent à l'audience et qui l'accepte. Cette exigence s'explique par le fait que cette mesure, dont l'exécution suppose un minimum de collaboration du condamné, ne peut en pratique être décidée malgré lui. Le condamné reconnait ainsi sa faute et choisit sa sanction. Le délai d'exécution du TBS est de 18 mois.

### *B – Les modalités d'exécution du travail au bénéfice de la société*

L'article 302 du décret de 2001 précise que c'est au JAP qu'il incombe de fixer les modalités d'exécution du TBS notamment l'organisme au profit duquel le travail sera accompli, le travail ou les travaux que le condamné accomplira et les horaires de travail.

S'agissant de l'organisme, il peut s'agir d'une personne morale de droit public ou d'une association habilitée. Pour obtenir une habilitation, les associations intéressées en font la demande au JAP. Celui-ci procède à toutes diligences qu'il juge utiles avant de statuer sur proposition ou après avis conforme du procureur de la République. L'habilitation accordée est valable pour une durée de deux ans, mais peut être retirée à tout moment.

Pour ce qui est du travail que le condamné sera amené à accomplir, l'article 44-3 CP précise que les collectivités publiques, les établissements publics et les associations qui désirent faire inscrire des TBS en font la demande au JAP. Là aussi, le JAP procède à toutes diligences utiles avant de prendre sa décision après avis préalable du procureur de la République. La décision tient bien évidemment compte de l'utilité sociale des travaux proposés et des perspectives d'insertion sociale ou professionnelle qu'ils offrent aux condamnés. La radiation d'un travail inscrit sur la liste peut être prononcée selon la même procédure.

S'agissant du condamné, il doit se soumettre à un examen médical avant l'exécution du TBS. En outre, il doit satisfaire à un certain nombre de mesures de contrôle. Il revient au JAP qui est chargé du suivi de l'exécution du TBS, d'en contrôler l'exécution, soit directement, soit par l'intermédiaire d'un agent de suivi. Si le condamné ne respecte pas l'une quelconque des obligations résultant de la prescription du TBS, la mesure sera révoquée.

### Paragraphe 4 : La semi-liberté

La semi-liberté est un régime qui permet au condamné de sortir de l'établissement pénitentiaire sans surveillance pour exercer à l'extérieur une activité déterminée ou pour suivre un stage, une formation, se soumettre à un traitement, voire pour participer à la vie de famille en cas de nécessité particulière.

La semi-liberté peut être accordée par la juridiction de jugement au moment du prononcé de sa décision (A) ou par le comité de l'aménagement des peines en cours d'exécution de peine (B).

#### *A – La semi-liberté accordée par la juridiction de jugement*

Au Sénégal, la semi-liberté décidée par la juridiction de jugement est prévue par les articles 44-2 CP, 707-28 et 707-29 CPP et 87 du décret 2001-362. Ces articles définissent les conditions d'octroi (**1**) ainsi que les modalités d'exécution (**2**) de la semi-liberté.

### 1 – Conditions d'octroi de la semi-liberté accordée par la juridiction de jugement

Aux termes de l'article 707-28 CPP, la mesure de semi-liberté peut être prononcée par la juridiction de jugement, en matière correctionnelle, lorsque la condamnation à une peine d'emprisonnement est égale ou inférieure à un an.

Au-delà de cette première condition liée au quantum de la peine, un certain nombre d'autres conditions relatives cette fois à la situation personnelle du condamné sont exigées de ce dernier pour prétendre au bénéfice de la semi-liberté.

Le condamné doit en effet justifier de l'exercice d'une activité professionnelle. Il peut s'agir d'une activité salariée ou d'une activité qu'il exerce pour son propre compte, qu'elle soit commerciale, artisanale, industrielle ou agricole. À défaut d'exercer une activité professionnelle, le condamné peut à l'appui de sa demande, invoquer son assiduité à un enseignement ou une formation professionnelle. Là aussi, il peut s'agir d'une formation entrant dans le dispositif public de formation professionnelle ou d'une formation professionnelle privée que le condamné suit à ses propres frais. Une autre occupation peut permettre au condamné de solliciter la semi-liberté, c'est l'exercice d'un stage ou d'un emploi temporaire en vue de son insertion sociale. Donc même s'il n'est pas embauché, dès lors qu'il est en position de stage ou qu'il exerce un emploi temporaire avec pour objectif final de s'intégrer dans l'entité en question, sa requête peut être retenue par le juge.

Le condamné peut avancer un autre argument qui est celui de sa participation déterminante à la vie de famille. Tenant compte en effet de l'intérêt de la famille d'une manière générale, des enfants en particulier en raison de leur vulnérabilité ou encore du conjoint malade par exemple ou de toute autre situation difficile, le juge peut accorder la semi-liberté au condamné.

Enfin un motif d'ordre médical qui est la nécessité de suivre un traitement médical déterminé par le médecin qu'il a commis peut justifier l'octroi de la semi-liberté par la juridiction de jugement.

Une fois accordée par le tribunal, la semi-liberté s'exécute suivant des modalités particulières déterminées par le JAP.

### 2 – Les modalités d'exécution de la semi-liberté accordée par la juridiction de jugement

L'article 707-29 CPP précise que sauf autorisation exceptionnelle accordée par la juridiction de jugement, le condamné admis au bénéfice de la semi-liberté est astreint à rejoindre l'établissement selon les modalités déterminées par le JAP en fonction du temps nécessaire à l'activité, à l'enseignement, à la formation professionnelle, au stage, à la participation à la vie de la famille ou au traitement en vue duquel il a été admis au régime de la semi-liberté. Il est astreint à demeurer dans l'établissement pendant les jours où, pour quelque cause que ce soit, ses obligations extérieures sont interrompues. Il s'engage également à respecter les règles spéciales arrêtées par le JAP et dont il reçoit communication. Ces règles ont trait aux jours et heures de sortie et de retour, aux conditions particulières propres à la nature de l'activité ou du traitement et à la personnalité du condamné ainsi que, s'il y a lieu, aux modalités de versement de son salaire.

Si les conditions qui ont permis à la juridiction de jugement de décider que la peine sera subie sous le régime de la semi-liberté ne sont plus remplies, si le condamné ne satisfait pas aux obligations qui lui sont imposées ou s'il fait preuve de mauvaise conduite, le bénéfice de la semi-liberté peut être retiré par le tribunal, saisi sur rapport du

JAP. Ce tribunal est celui du lieu d'exécution de la peine ou, si le condamné est écroué, du lieu de détention.

Tout incident, tout manquement à l'obligation de bonne conduite doit être signalé au JAP chargé du suivi de la semi-liberté. En cas d'urgence, le chef de l'établissement pénitentiaire peut faire procéder à la réintégration immédiate du détenu sauf à en rendre compte sans délai au JAP.

Le tribunal régional du lieu de détention prononce, le cas échéant, le retrait ou la suspension de la mesure, sur rapport du JAP chargé du suivi de la mesure. Mais ce dernier peut, si l'urgence l'exige, suspendre l'application de la mesure de semi-liberté. Dans ce cas, le tribunal doit statuer dans huit jours sur le maintien ou le retrait de la mesure.

### *B – La semi-liberté accordée par le comité de l'aménagement des peines*

Contrairement à la semi-liberté que nous avons évoquée précédemment, il s'agit ici d'une semi-liberté qui est accordée non pas avant l'exécution de la peine, mais plutôt en cours d'exécution de celle-ci. C'est une mesure qui est donc accordée par le Comité de l'aménagement des peines lorsque certaines conditions sont réunies (**1**), et elle s'exécute suivant un certain nombre de modalités (**2**).

#### 1 – Conditions d'octroi de la semi-liberté par le comité de l'aménagement des peines

La semi-liberté peut être accordée par le CAP lorsque le reliquat de la peine à subir par le condamné est égal ou inférieur à un an. Peu importe qu'il y ait une ou plusieurs peines privatives de liberté. La semi-liberté peut également être accordée par le CAP, à titre probatoire, au condamné qui sollicite la libération conditionnelle. Mais pour cela, il faudra que la peine restant à subir n'excède pas trois ans, que le condamné ne soit pas récidiviste, qu'il ait donné des gages d'amendement et de bonne conduite et qu'il ne constitue pas un danger pour la sécurité ou l'ordre public, compte tenu de ses antécédents et de sa personnalité.

Enfin, à l'instar de la semi-liberté accordée par la juridiction de jugement, cette forme de semi-liberté peut être accordée aux personnes condamnées qui justifient soit de l'exercice de leur activité professionnelle, soit de leur assiduité à un enseignement ou à une formation professionnelle ou encore d'un stage ou d'un emploi temporaire en vue de son insertion sociale, soit de la participation déterminante à la vie de sa famille, soit de la nécessité de subir un traitement médical.

### 2 – Les modalités d'exécution de la semi-liberté accordée par le comité de l'aménagement des peines

Le régime de la semi-liberté est semblable à celui du placement à l'extérieur. Cependant, les détenus ne sont pas soumis au port de la tenue pénale et peuvent détenir une somme d'argent, provenant de leur pécule et nécessaire au règlement de leurs dépenses telles que repas et transport. Ils doivent être porteurs d'un document leur permettant de justifier de leur situation et ce document est délivré par le CAP. Sauf autorisation exceptionnelle accordée par le JAP, les condamnés admis au bénéfice de la semi-liberté sont astreints à rejoindre l'établissement pénitentiaire, selon les modalités fixées par le JAP en fonction du temps nécessaire à l'activité, à l'enseignement, à la formation professionnelle, au stage, à la participation à la vie de famille ou au traitement en vue duquel ils ont été admis au régime de la semi-liberté. Ils sont astreints à demeurer dans l'établissement pendant les jours où, pour quelque cause que ce soit, leurs obligations extérieures se trouvent interrompues.

Les condamnés qui se trouvent en dehors d'un établissement pénitentiaire en vertu d'une semi-liberté demeurent soumis à l'ensemble des règles disciplinaires relatives au régime des détenus de leur catégorie. Ils s'engagent également à respecter les règles spéciales arrêtées par le JAP et dont ils reçoivent communication, règles qui ont trait aux jours et heures de sortie et de retour, aux conditions particulières propres à la nature de l'activité ou du traitement et à la personnalité du condamné ainsi que s'il y a lieu, aux modalités de versement de son salaire.

Toute inobservation des règles énoncées plus haut, tout manquement à l'obligation de bonne conduite et tout incident doivent être signalés au JAP chargé du suivi de la semi-liberté. Il appartiendra alors au CAP de prononcer le retrait ou la suspension de la mesure de semi-liberté. Auparavant, le JAP peut être amené à suspendre l'application de la semi-liberté si l'urgence l'exige.

À côté du sursis, de la probation et de la semi-liberté, la juridiction de jugement, tout en reconnaissant le prévenu responsable pénalement, peut cependant lui accorder sa mansuétude en décidant de ne pas lui faire exécuter sa peine dès lors que certaines conditions sont remplies : on est alors dans le cadre de la dispense de peine et de l'ajournement.

### Paragraphe 5 : La dispense de peine et l'ajournement

#### *A – La dispense de peine*

C'est une mesure favorable au condamné qui ne peut cependant être accordée qu'en matière correctionnelle. Elle est d'autant plus favorable que le juge peut décider que la condamnation ne fera pas l'objet d'une mention au casier judiciaire. La dispense de peine est soumise à trois conditions cumulatives :

– le reclassement du coupable doit être acquis ;

– le dommage causé doit être réparé ;

– le trouble résultant de l'infraction doit avoir cessé.

Le juge n'est bien évidemment pas obligé de prononcer la dispense de peine quand bien même les trois conditions requises se trouveraient remplies. Par ailleurs, la dispense de peine ne s'étend pas au paiement des frais de justice.

S'agissant des effets de la dispense de peine, ils consistent dans la non-prononciation de la peine principale ainsi que dans l'exclusion de l'application des dispositions prévoyant des interdictions, déchéances ou incapacités de quelque nature qu'elles soient qui résulteraient de plein droit d'une condamnation.

Une autre mesure favorable au condamné est l'ajournement.

### *B – L'ajournement du prononcé de la peine*

Comme pour la dispense de peine, après avoir statué sur la culpabilité du prévenu, la juridiction peut décider d'ajourner le prononcé de sa décision.

L'ajournement consiste à reporter dans le temps le prononcé de la peine quand certaines conditions sont réunies. Il faut en effet :

– que le reclassement du coupable soit en voie d'être acquis ;

– que le dommage causé soit en voie d'être réparé ;

– que le trouble résultant de l'infraction soit en voie de cesser.

Dans sa décision, la juridiction va fixer la date à laquelle elle va statuer sur la peine. L'ajournement suppose la présence du prévenu qui sera alors placé sous le régime de la probation pour une durée maximale d'un an. Il en résulte les mêmes mesures de contrôle et d'aide et les mêmes obligations particulières qu'en cas de probation.

Au moment de la décision qui doit intervenir avant le délai d'un an, le juge vérifie si les conditions fixées sont pleinement réalisées. Dans l'affirmative, il peut ajourner une nouvelle fois le prononcé de la peine. À l'inverse, si les conditions ne sont pas totalement réalisées, le juge peut prononcer la peine prévue par la loi. Dans tous les cas, la décision sur la peine doit intervenir au plus tard un an après la première décision d'ajournement.

### Paragraphe 6 : Le fractionnement de la peine

Il nous faut préciser ici que tout comme la semi-liberté, le fractionnement de la peine peut à la fois être décidé par la juridiction de jugement et par le CAP. C'est dire qu'il peut intervenir aussi bien avant l'exécution de la peine qu'en cours d'exécution de celle-ci, mais seule cette dernière forme à savoir le fractionnement de la peine intervenant en cours d'exécution retiendra notre attention. Il obéit à certaines conditions (**A**) et produit naturellement certains effets (**B**).

#### *A – Les conditions d'octroi du fractionnement de la peine par le comité de l'aménagement des peines*

La mesure est décidée par le CAP du lieu d'exécution de la peine sur le rapport du JAP. Mais elle ne joue qu'en matière correctionnelle, précisément pour un emprisonnement pour délit, qu'elle qu'en soit la durée, et lorsqu'il reste à subir au condamné le tiers de la peine prononcée.

Le fractionnement de la peine doit être fondé sur un motif grave d'ordre médical, familial, professionnel ou social. L'exécution de la peine sera suspendue ou fractionnée pendant une période n'excédant pas le double du tiers de la peine prononcée qui restait à subir par la personne condamnée. La durée minimale de ces fractions est de deux (02) jours.

### *B – Les effets du fractionnement de la peine*

Le fractionnement de la peine permet de répartir dans le temps l'exécution de celle-ci et dans l'intérêt du condamné. Il entraîne la levée d'écrou. Par conséquent, les périodes de fractionnement ne peuvent pas être considérées comme un temps d'exécution de la peine. La peine est alors suspendue le temps pour le condamné de faire face à une situation particulière. Il faut préciser cependant que la suspension ne concerne que la peine d'emprisonnement à l'exclusion des condamnations civiles, des incapacités et déchéances qui elles, continuent à dérouler leurs effets.

En définitive, on peut retenir qu'avec le fractionnement de la peine, c'est le cours de l'exécution de la peine qui est affecté et non sa durée qui reste inchangée.

## Paragraphe 7 : La permission de sortir

Une permission de sortir est une autorisation d'absence temporaire de la prison donnée à un condamné. La permission de sortir est accordée par le juge d'application des peines, après avis de la commission d'application des peines, sauf en cas d'urgence. La permission de sortir est accordée pour une ou plusieurs sorties. Elle autorise le condamné à se rendre en un lieu situé sur le territoire national. Un délai de route peut être accordé au bénéficiaire de la permission de sortie. Il est calculé en fonction de la durée du trajet et des moyens de transport utilisés. Le détenu bénéficiaire d'une permission de sortir doit supporter les frais occasionnés par son séjour hors de l'établissement et notamment le coût des moyens de transport qu'il serait éventuellement obligé d'utiliser.

Il existe trois formes de permission de sortir : celles en vue du maintien des liens familiaux ou de la réinsertion sociale, les permissions pour accomplir une obligation à l'extérieur, et les permissions pour circonstances familiales graves.

C'est ce qui ressort de la lecture des dispositions des articles 693 et 693-7 du Code de procédure pénale et des articles 75, 88 et suivants du décret 2001-362 du 04 mai 2001, relatif aux procédures d'exécution et d'aménagement des sanctions pénales.

Ainsi des permissions de sortir peuvent être accordées aux détenus dans les cas suivants :

– Des permissions de sortir peuvent être accordées, une fois par mois, aux détenus bénéficiant de la semi-liberté. Elles n'excèdent pas la journée.

– Des permissions de sortir n'excédant pas la journée peuvent être accordées par le juge de l'application des peines aux condamnés à une peine privative de liberté inférieure ou égale à trois (03) ans ainsi qu'aux condamnés à une peine privative de liberté supérieure à cinq (05) ans lorsque ces derniers ont exécuté la moitié de leur peine pour :

1°) présentation à leurs employeurs éventuels des détenus prochainement libérables ou susceptibles d'être admis au bénéfice de la libération conditionnelle ou au régime de semi-liberté ;

2°) présentation aux examens ;

3°) accomplissement de toute formalité requise par l'autorité militaire préalablement à un engagement dans les forces armées.

– Des permissions de sortir d'une durée maximale de trois (03) jours peuvent être accordées d'une part aux condamnés à une peine privative de liberté inférieure ou égale à cinq (05) ans et d'autre part aux condamnés à une peine supérieure à cinq (05) ans lorsqu'ils ont exécuté la moitié de leur peine pour se rendre auprès de leur père, mère, frère ou sœur, enfant et conjoint gravement malade ou décédé.

– Des permissions de sortir d'une durée maximale d'un (01) jour peuvent être accordées aux condamnés qui ont exécuté la moitié de leur peine et qui n'ont plus qu'à subir un temps de détention inférieur à trois (03) ans, en vue du maintien des liens familiaux ou de la préparation à la réinsertion sociale. Ces permissions de sortie sont accordées sans condition de délai aux condamnés exécutant une ou plusieurs peines d'emprisonnement n'excédant pas au total une durée d'un an. Ces permissions de sortie ne peuvent être accordées qu'une fois par trimestre.

### Paragraphe 8 : L'autorisation de sortie sous escorte

L'autorisation de sortie sous escorte est la possibilité pour un détenu de quitter sous escorte l'établissement pénitentiaire dans lequel il est détenu, dans des cas exceptionnels laissés à l'appréciation du magistrat compétent.

L'autorisation de sortie sous escorte peut être donnée en tout état de la procédure, que le détenu soit inculpé ou accusé et à quelque stade qu'il se trouve de l'exécution de sa peine.

L'escorte de police, de gendarmerie ou de l'Administration pénitentiaire peut être dispensée du port de l'uniforme.

### Paragraphe 9 : Le placement à l'extérieur

Le placement à l'extérieur qui suppose que le condamné présente des garanties sérieuses consiste, pour l'intéressé à être employé en dehors d'un établissement pénitentiaire avec ou sans surveillance du personnel pénitentiaire. En cas de placement à l'extérieur sous surveillance, le condamné est employé en dehors de la prison à des travaux contrôlés par l'Administration pénitentiaire, sous la surveillance continue du personnel pénitentiaire. Le placement à l'extérieur sans surveillance permet, quant à lui, de travailler dehors, y compris de façon temporaire, ou de suivre un enseignement, une formation, un stage probatoire en vue d'une libération conditionnelle. Là encore, on a un système qui permet une resocialisation progressive même si l'accomplissement de la peine n'est pas terminé. Il convient de le distinguer des « corvées à l'extérieur » permettant à un détenu de travailler sur le domaine pénitentiaire et sous la surveillance du personnel pénitentiaire.

Les détenus placés à l'extérieur sont soumis à la discipline de l'établissement pénitentiaire qu'ils réintègrent à la fin de chaque journée.

Les détenus dont la peine restant à subir n'excède pas trois (03) ans, à condition qu'ils ne soient pas récidivistes, qu'ils aient donné des gages d'amendement, qu'ils soient de bonne conduite et qu'ils ne constituent pas un danger pour la sécurité ou l'ordre public, compte tenu de leurs antécédents et de leur personnalité peuvent bénéficier du placement à l'extérieur. Les condamnés qui remplissent les conditions de délai pour être proposés au bénéfice de la libération conditionnelle et dont la peine restant à subir n'excède pas trois (03) ans peuvent également bénéficier du placement à l'extérieur.

Les services administratifs, les collectivités publiques et les particuliers adressent une demande au directeur de l'Administration pénitentiaire pour solliciter le placement à l'extérieur de détenus. Ils précisent pour ce faire les travaux auxquels ils destinent les intéressés, le lieu où ils seront employés ainsi que les conditions générales de leur emploi.

La décision de placement à l'extérieur est prise par le juge de l'application des peines, sur proposition ou après avis du directeur de la prison et sauf urgence au sein de la commission pénitentiaire consultative de l'aménagement des peines. En cas d'incident, de mauvaise conduite ou de tentative d'évasion, le juge peut révoquer la mesure de placement à l'extérieur.

### Paragraphe 10 : La libération conditionnelle

L'idée de la libération conditionnelle a été lancée vers le milieu du XIXe siècle par un magistrat français du nom de BONNEVILLE DE MARSANGY.

D'abord appliquée en Angleterre, la libération conditionnelle a été introduite en France par la loi du 14 août 1885. Elle s'est ensuite généralisée dans le monde entier.

Au Sénégal, la libération conditionnelle est prévue par le Code de procédure pénale, en ses articles 699 à 703 et la circulaire interministérielle n° 14 du 18 février 1980.

La libération conditionnelle a pour effet de modifier la nature de la peine qui n'est plus seulement rétributive, intimidante, mais devient en même temps instrument de réadaptation sociale. Elle prouve, quand elle se poursuit jusqu'au bout, que l'intéressé s'est amendé plus vite, en même temps qu'elle permet de faciliter la réintégration, parce que le condamné reste moins longtemps hors d'une vie normale. Cela facilite son aptitude à reprendre un rythme de vie correspondant à celui des personnes en liberté.

Aux termes de l'article 699 du CPP : *« Les condamnés ayant à subir une ou plusieurs peines privatives de liberté peuvent bénéficier d'une libération conditionnelle s'ils ont donné des preuves suffisantes de bonne conduite et présentent des gages sérieux de réadaptation sociale.*

*La libération conditionnelle est réservée aux condamnés ayant accompli trois mois de leur peine, si cette peine est inférieure à six mois, et la moitié de leur peine dans le cas contraire. Pour les condamnés en état de récidive légale aux termes des articles 42, 43 ou 44 du CPP, le temps d'épreuve est porté à six mois si la peine est inférieure à neuf mois et aux deux tiers de la peine dans le cas contraire.*

*Pour les condamnés aux travaux forcés à perpétuité, le temps d'épreuve est de quinze années.* »

Quatre (04) conditions à remplir :

– avoir été condamné, à titre définitif, à une ou plusieurs peines privatives de liberté ;

– avoir subi un délai d'épreuve ;

– avoir donné des preuves suffisantes de bonne conduite ;

– présenter des gages sérieux de réadaptation sociale.

### *A – Être condamné à titre définitif*

La libération conditionnelle s'applique exclusivement aux individus condamnés, à titre définitif, à une ou plusieurs peines privatives de liberté et qui se trouvent détenus. D'où il convient de tirer les conséquences suivantes :

1– La libération conditionnelle est susceptible d'être accordée à tous les condamnés, à titre définitif, quels que soient les motifs et la nature de leur peine.

2– Il n'y a pas lieu de tenir compte de la nature de la juridiction qui a statué.

3– La libération conditionnelle s'applique exclusivement aux individus qui ont été condamnés à titre définitif ; par conséquent, elle ne peut être accordée aux inculpés, prévenus et accusés en détention provisoire, ni aux condamnés ayant formé opposition, appel ou pourvoi.

4– Enfin elle n'est pas applicable aux débiteurs détenus seulement en vertu d'une contrainte par corps.

### *B – Avoir subi un délai d'épreuve*

En ses alinéas 2 et 3, l'article 699 CPP stipule que la libération conditionnelle est réservée aux condamnés ayant accompli trois (03) mois de leur peine si cette peine est inférieure à six (06) mois et à la moitié de la peine dans le cas contraire. Pour les condamnés en état de récidive, le temps d'épreuve est porté à six (06) mois si la peine est inférieure à neuf (09) mois et aux deux tiers de la peine dans le cas contraire.

Pour les condamnés aux travaux forcés à perpétuité, le temps d'épreuve est de quinze années.

De ces deux alinéas résultent les conséquences suivantes :

1– La durée du délai d'épreuve est plus ou moins longue suivant qu'il s'agit ou non d'un récidiviste. Ainsi elle doit correspondre à la moitié de la peine sans pouvoir être inférieure à trois (03) mois s'il s'agit d'un délinquant primaire ; aux deux tiers de la peine sans pouvoir être inférieur à six (06) mois s'il s'agit de récidivistes ; à quinze ans d'emprisonnement s'il s'agit de condamnés à la réclusion ou à la détention criminelle à perpétuité.

2– La durée de la peine à prendre en considération est, non pas celle qui a été prononcée lors de la condamnation, mais celle qui doit être effectivement subie. Les remises gracieuses intervenues éventuellement entrent donc en ligne de compte.

3– Si plusieurs peines non confondues doivent être subies, la durée du délai d'épreuve est calculée d'après la durée totale de ces peines. Ici, le condamné est considéré comme exécutant une peine unique d'une durée égale à la somme des durées de ses différentes peines.

### *C- Avoir donné des preuves suffisantes de bonne conduite*

La libération conditionnelle ne peut intervenir qu'au profit des détenus qui ont manifesté un sincère repentir de leurs fautes. Ainsi pour émettre un avis, la commission consultative pénitentiaire de l'aménagement des peines devra prendre en compte tous les éléments utiles d'appréciation, notamment l'attitude générale du détenu, ses rapports avec ses codétenus, sa conduite, sa soumission aux règlements, son application au travail.

### *D- Présenter des gages de réadaptation*

Enfin il sera tenu compte pour l'octroi de la libération conditionnelle des possibilités reconnues de reclassement dans la vie sociale du détenu dès sa sortie de prison.

Il convient de préciser par ailleurs que la demande de libération conditionnelle présentée par les détenus reconnus coupables de détournements commis au préjudice de l'État, des collectivités publiques et des personnes morales d'intérêt public n'est recevable, comme le stipule l'article 155CP, qu'après restitution ou remboursement de l'intégralité des sommes détournées ou soustraites.

Lorsqu'un condamné satisfait aux conditions exigées pour l'octroi de la libération conditionnelle, il lui appartient de formuler une demande dans ce sens.

Le dossier comprend la demande et toutes les pièces que le détenu croira devoir présenter.

La décision d'admission d'un détenu au bénéfice de la libération conditionnelle intervient sous la forme d'un arrêté du ministre de la Justice après avis de la commission pénitentiaire consultative de l'aménagement des peines. Signalons enfin que les condamnés admis au bénéfice de la libération conditionnelle peuvent être soumis, en vertu de la décision dont ils font l'objet, à un certain nombre de mesures d'assistance et de contrôle destinées à faciliter et à vérifier leur reclassement. De même l'octroi ou le maintien de la libération conditionnelle peut être subordonné à l'observation de conditions particulières.

# Bibliographie


## Traités et conventions internationaux

— Assemblée générale des Nations unies, Convention contre la torture et autres peines ou traitement cruel, inhumain ou dégradant, 10 décembre 1984, entrée en vigueur le 26 juin 1987.

— Assemblée générale des Nations unies, Pacte international relatif aux droits civils et politiques, 16 décembre 1966, entrée en vigueur 23 mars 1976.

— Assemblée générale des Nations unies, Pacte international relatif aux droits économiques, sociaux et culturels, 16 décembre 1966, entrée en vigueur le 3 janvier 1976.

— Congrès des Nations unies, Ensemble de Règles minima pour le traitement des détenus, 1955, entrée en vigueur 31 juillet 1957.

## Lois et décrets

— Loi modifiant et complétant la loi n° 72-23 du 19 avril 1972 relative au statut du personnel de l'administration pénitentiaire, 16 octobre 2006, n° 2006-34.

— Loi relative au statut du personnel de l'administration pénitentiaire, 19 avril 1972, n° 72-23.

— Lois portant modification du Code pénal, concernant l'instauration du juge de l'application des peines, 29 décembre 2000, n° 2000-38 et 2000-39.

— Décret détachant la gestion de la prison de la tutelle de la Direction des Affaires politiques et administratives du ministère de l'Intérieur, 28 décembre 62, n° 62.029.

— Décret modifiant le décret 95-315 du 16 mars 1995 portant répartition des services de l'État, 17 janvier 1998, n° 98.49.

— Décret portant organisation du ministère de la Justice, 30 avril 2007, n° 2007-554.

— Décret abrogeant et remplaçant le décret n° 79-386 du 9 mai 1979 fixant les modalités d'application de la loi n° 72-23 du 19 avril 1972 relative au statut du personnel de l'administration pénitentiaire, 7 août 2007, n° 2007-951.

— Décret relatif aux procédures d'exécution et d'aménagement des sanctions pénales, 04 mai 2001, n° 2001-362.

— Décret érigeant le service de l'administration pénitentiaire en Direction, 28 juin 1971 n° 71.685.

— Décret, portant répartition des services nationaux entre la Présidence de la République et les Ministères, 09 décembre 63, n° 63.795.

**Ouvrages**

— Bernard Bouloc, Haritini Matsopoulou, *Droit pénal général et procédure pénale* 17e édition, Paris, Sirey, 2009.

— François Staechele, *La pratique de l'application des peines*, France, Litec, 1995.

— Jean Imbert, Georges Levasseur, *Le pouvoir, les juges et les bourreaux*, Paris, Hachette, 1972.

Jean Paul Céré, *Droit disciplinaire pénitentiaire*, Paris, l'Harmattan, 2011.

— Jean Pradel, *Droit pénal général* (édition 2002/2003), Paris, Cujas, 2002.

— Michel Foucault, *Surveiller et punir*, Paris, éditions Gallimard, 1975.

— Office des Nations unies contre la drogue et le crime, *Recueil des règles et normes des Nations unies pour la prévention du crime et la justice pénale*, Vienne, 1992, page 109.
— République du Sénégal, *Archives nationales du Sénégal*, Dakar.
— République du Sénégal, *Constitution du Sénégal,* Dakar, 1960, 1963, 2001.

# TABLE DES MATIÈRES

**L'HARMATTAN ITALIA**
Via Degli Artisti 15; 10124 Torino
harmattan.italia@gmail.com

**L'HARMATTAN HONGRIE**
Könyvesbolt ; Kossuth L. u. 14-16
1053 Budapest

**L'HARMATTAN KINSHASA**
185, avenue Nyangwe
Commune de Lingwala
Kinshasa, R.D. Congo
(00243) 998697603 ou (00243) 999229662

**L'HARMATTAN CONGO**
67, av. E. P. Lumumba
Bât. – Congo Pharmacie (Bib. Nat.)
BP2874 Brazzaville
harmattan.congo@yahoo.fr

**L'HARMATTAN GUINÉE**
Almamya Rue KA 028, en face
du restaurant Le Cèdre
OKB agency BP 3470 Conakry
(00224) 657 20 85 08 / 664 28 91 96
harmattanguinee@yahoo.fr

**L'HARMATTAN MALI**
Rue 73, Porte 536, Niamakoro,
Cité Unicef, Bamako
Tél. 00 (223) 20205724 / +(223) 76378082
poudiougopaul@yahoo.fr
pp.harmattan@gmail.com

**L'HARMATTAN CAMEROUN**
BP 11486
Face à la SNI, immeuble Don Bosco
Yaoundé
(00237) 99 76 61 66
harmattancam@yahoo.fr

**L'HARMATTAN CÔTE D'IVOIRE**
Résidence Karl / cité des arts
Abidjan-Cocody 03 BP 1588 Abidjan 03
(00225) 05 77 87 31
etien_nda@yahoo.fr

**L'HARMATTAN BURKINA**
Penou Achille Some
Ouagadougou
(+226) 70 26 88 27

**L'HARMATTAN SÉNÉGAL**
10 VDN en face Mermoz, après le pont de Fann
BP 45034 Dakar Fann
33 825 98 58 / 33 860 9858
senharmattan@gmail.com / senlibraire@gmail.com
www.harmattansenegal.com

**L'HARMATTAN BÉNIN**
ISOR-BENIN
01 BP 359 COTONOU-RP
Quartier Gbèdjromèdé,
Rue Agbélenco, Lot 1247 I
Tél : 00 229 21 32 53 79
christian_dablaka123@yahoo.fr

Achevé d'imprimer par Corlet Numérique - 14110 Condé-sur-Noireau
N° d'Imprimeur : 128138 - Dépôt légal : avril 2016 - *Imprimé en France*

www.ingramcontent.com/pod-product-compliance
Lightning Source LLC
LaVergne TN
LVHW021223061026
849535LV00008B/2893